AF331126

LE COMMERCE

LA NAVIGATION, LES ARTS

DES PEUPLES ANCIENS ET MODERNES.

LE COMMERCE

LA NAVIGATION, LES ARTS

DES PEUPLES ANCIENS ET DES PEUPLES MODERNES

PAR

J. B. BERAUD

Auteur de l'*Histoire des Sires et des Ducs de Bourbon, des Comtes de Champagne et de Brie* etc

PARIS

CHEZ MM. DUBUISSON ET Cᵉ, IMPRIMEURS-ÉDITEURS

RUE COQ-HÉRON, 5

—

1861

LE COMMERCE

LA NAVIGATION, LES ARTS

DES PEUPLES ANCIENS ET MODERNES.

I

Le commerce, la navigation et les arts : voilà les principes de l'existence et de la prospérité des nations ; c'est par eux que les plus grands peuples sont devenus florissants, et ont acquis une influence marquée dans le monde, c'est par eux qu'ils ont laissé des souvenirs dont l'histoire s'est enrichie.

Sans le commerce, sans la navigation, sans les arts, un pays reste stationnaire : la civilisation y est cons-

tamment muette. Les anciens peuples dont la renom-
mée a rempli l'univers, dont nous nous entretenons
sans cesse, que nous nous proposons tous les jours
comme des exemples à imiter, ces anciens peuples sont
sortis du néant ; ils se sont agrandis successivement par
le commerce, la navigation et les arts, de même que
nous les voyons retomber dans le néant dès qu'un
autre peuple a réussi, par son habileté ou son courage,
à leur enlever l'empire de la mer.

Cependant, il faut bien considérer que la cause de la
ruine des nations qui ont brillé par leur commerce et
leur puissance ne réside pas seulement dans l'habileté ou le courage d'un autre peuple, mais dans le luxe,
le gaspillage et la corruption qui sont presque toujours
venus à la suite du commerce et des arts, lorsqu'on n'a
pas eu la prévoyance de les arrêter dans leur marche.

L'origine du commerce remonte aussi haut que l'origine de la société elle-même. Chez les peuples de l'Europe, de l'Asie et de l'Afrique, dont l'histoire nous a
transmis le souvenir, comme parmi les hordes de sauvages de l'Amérique, découvertes depuis peu, partout
où l'on a trouvé l'homme vivant en société, on a trouvé
aussi des habitudes de commerce plus ou moins bien
établies ; il ne faut donc pas être étonné si des historiens sont allés chercher les commencements du commerce jusques par delà le déluge.

Nous pensons, nous aussi, que si Noé a construit
l'arche immense dont parle l'Écriture Sainte, l'art de la
construction des vaisseaux et la navigation avaient déjà
fait de vastes progrès ; et comme la navigation est la
principale source où le commerce puise ses forces,

nous devons en conclure que partout ou la navigation est étendue, le commerce doit être considérable. Aussi, le commerce et la navigation ont tant de rapports qui leur sont communs, et l'un et l'autre sont tellement liés aux progrès des arts, que nous avons cru devoir réunir dans un même cadre tout ce qui concerne l'histoire de ces trois branches importantes de l'industrie humaine.

Il serait curieux et utile, sans doute, de pouvoir suivre pas à pas les premiers peuples qui se sont adonnés au commerce; mais l'histoire de ces temps, très incomplète et surtout très infidèle, nous permet à peine d'observer les changements survenus dans les Empires. Si quelquefois elle fait mention des peuples commerçants, ce n'est qu'autant qu'ils sont devenus assez puissants pour marquer leur place dans le monde, et pour influer sur le sort des autres nations; on chercherait donc vainement à retrouver les premières traces que le commerce a laissées dans les pays mêmes qu'il a rendus florissants par la suite.

Pendant bien des siècles, le commerce a dû consister en échanges, de bourgades à bourgades, et comme la nature de l'homme est d'ériger en besoin tout ce qui chez lui est devenu habitude, selon que ces échanges auront pu s'effectuer avec plus de facilité, le besoin de les renouveler se sera fait sentir plus souvent et plus impérieusement.

Ainsi, il ne fut plus possible à l'Indien du Nouveau Monde de se passer de nos liqueurs dès qu'elles l'eurent enivré, et pour se les procurer il sacrifia sa liberté. Nous croyons néanmoins que le commerce par

échanges ne dut faïre que bien lentement ses premiers progrès, que ralentirent encore les précautions
prises par quelques anciens législateurs; ainsi, dans
une partie de la Chaldée, ainsi en Égypte, prévoyant
peut-être les funestes résultats que le commerce pouvait entraîner à sa suite, ils avaient inspiré aux peuples
une certaine horreur de la mer.

Psammeticus est le premier roi qui ait entrepris de
délivrer les Égyptiens de cette superstition : il ne gou-
vernait d'abord qu'une faible partie du royaume; ce fut
avec le secours des Phéniciens et des Grecs, auxquels il
avait ouvert ses ports, qu'il parvint à se rendre seul
maître de tout l'État, et ce fut encore par eux qu'il se
maintint dans sa conquête; il mit tous ses soins à tourner ses sujets vers le commerce; son fils Nécus gou-
verna dans le même esprit; il réunit des vaisseaux phéniciens dans la mer Rouge pour doubler le cap de
Bonne-Espérance ; ses vaisseaux pénétrèrent dans
l'Océan, et, après un voyage de trois années, ils entrèrent dans la Méditerranée par le détroit d'Hercule.

Une navigation si longue et si périlleuse dut paraître
d'autant plus étonnante que la construction des navires
était très imparfaite. Ce fut vers ces temps que Midas,
roi de Phrygie, inventa les ancres; jusque-là, les vaisseaux n'avaient eu d'autre moyen d'arrêter leur marche que de jeter dans le fond de la mer de grosses
pierres attachées à des câbles, de même que l'inspec-
tion du vol des oiseaux apprenait seule aux navigateurs l'approche de la terre : aussi, lorsqu'on voulait
gagner la pleine mer, on embarquait des pigeons et
surtout des corbeaux qu'on mettait alors en liberté

pour diriger, d'après leur vol, la marche du bâtiment.

Nécus, auquel d'ailleurs l'histoire accorde beaucoup de sagesse, avait de grandes vues qui eussent hâté les progrès de la civilisation, s'il avait pu réaliser ses projets : il entreprit d'ouvrir une voie de communication entre l'Occident, alors barbare, et l'Orient où il restait encore des traces d'une civilisation fort avancée. S'il eût réussi dans l'exécution du canal de navigation qui devait joindre le Nil à la mer Rouge, l'Europe serait allée puiser des connaissances dans l'Inde et dans la Chine.

Dans la Chine, nous voyons que, dès les temps les plus reculés, on cultivait des arts que l'Europe n'a retrouvés que longtemps après ; la chimie y était connue ; il est certain aussi que les prêtres de Memphis avaient fait des découvertes dans cette science ; mais, par des motifs politiques, ils en dérobaient toujours la connaissance au peuple.

L'imprimerie était connue en Chine, dans l'Inde et au Japon. Des monuments historiques prouvent que dix siècles avant l'ère chrétienne on y élevait des vers à soie. La fabrication du verre et l'art de broder sur la tapisserie étaient aussi connus dans une partie de l'Asie. Ces arts et d'autres sans doute, qui se sont perdus, auraient été portés en Europe en même temps que les productions de ce pays, si le commerce entre l'Orient et l'Occident avait pu s'ouvrir une voie directe et facile ; mais quelques siècles devaient s'écouler encore avant que le canal commencé par Nécus pût être exécuté. Depuis ce roi, les Égyptiens partagèrent longtemps l'empire de la mer avec les Phéniciens.

1.

Un esprit industrieux ou plutôt d'heureux hasards firent découvrir aux Phéniciens l'art de faire du verre et de teindre les étoffes avec cette belle pourpre que, depuis, on a vainement cherché à imiter, et qui porte encore le nom de *pourpre de Tyr*. On sait que les procédés pour la fabrication du verre furent bientôt portés à un assez haut degré de perfection en Égypte et en Phénicie, pour qu'on pût exécuter des ouvrages d'une grande beauté.

Les Phéniciens, qui parcouraient les mers avant le temps même où Psammeticus entreprit de rendre l'Égypte commerçante, les Phéniciens habitaient plusieurs villes entre le royaume de Juda, la Syrie et la Méditerranée ; ils établirent des colonies tout le long des côtes de cette mer jusqu'au détroit d'Hercule, où, après avoir reconnu les îles Britanniques, ils vinrent fonder la ville de Cadix.

Tout favorisait les Phéniciens dans leurs spéculations commerciales : la mer baignait leurs côtes, et le Liban eur fournissait des bois de construction, tandis que les voiles, les cordages et les autres agrès leur venaient abondamment d'Egypte. Ce peuple faisait sortir de ses ports spacieux et nombreux des flottes chargées des produits de ses manufactures et des productions qui lui arrivaient par la Syrie, et qu'il portait dans la Grèce et au delà ; de sorte que, pendant plusieurs siècles, il fit le commerce de l'Orient et de tout l'Occident, jusqu'à ce qu'enfin la Grèce, s'étant civilisée, envoya ses vaisseaux dans les mêmes parages.

Tout fait croire que les Phéniciens furent le premier peuple de la Grèce qui se livra à un commerce considérable. Homère rapporte que, Ulysse ayant abordé dans leur île, il y trouva établis tous les arts du luxe. Rien n'égalait, dit ce poëte, la magnificence du palais d'Alcinoüs: on y remarquait des vignes constamment en fleurs et portant des fruits en tout temps. Par cette assertion d'Homère, il paraîtrait que les Phéniciens connaissaient l'usage des serres chaudes ou d'un autre moyen pouvant leur suppléer. Si, d'une part, on doit être assez circonspect pour ne pas accuser Homère d'exagération sur ce point, on peut du moins s'étonner de ce qu'un tel procédé ne se soit pas répandu dans toute la Grèce.

II

A cette époque, l'art de travailler les métaux avait déjà fait des progrès considérables. Le cuivre surtout, employé par les premiers peuples, servait de base à beaucoup de compositions avec lesquelles on faisait le *bronze* ou *airain* qui était un alliage de cuivre, d'étain et de zinc.

L'*airain* de *Corinthe*, qui n'était qu'un mélange d'étain, de cuivre et d'or, était souvent préféré à l'or même. Homère, cet excellent peintre des mœurs et des usages des nations, nous apprend que les armes des guerriers, au temps du siége de Troie, étaient ordinairement d'airain.

En Égypte, dans l'Inde, dans la Chine et chez tous les

peuples anciens, on a trouvé que les instruments pour le service religieux étaient faits en cuivre. Les sauvages de l'Arcadie estimaient beaucoup les chaudières de ce métal. La Chine, le Japon et l'île de Chypre possédaient des mines qui en fournissaient en abondance.

Le commerce de l'étain, si considérable dans les premiers temps, prouve que les relations des peuples anciens avec le nord de l'Europe et même avec l'Inde, étaient déjà établies.

Moïse, Ézéchiel et Isaïe parlent de l'étain. Suivant Homère, les guerriers couvraient de plaques d'étain la tête de leurs chevaux de bataille. Les anciens préféraient l'usage de l'airain à celui du fer, sans lequel aujourd'hui on ne saurait entreprendre le moindre travail. Les Grecs savaient que le fer rougi acquiert un plus grand degré de dureté par l'immersion subite.

Hercule passe pour avoir, le premier, introduit les moutons en Grèce ; mais, longtemps auparavant, on fabriquait des draps de laine en Chine. Les Égyptiens avaient ces draps en horreur ; ils avaient prononcé des peines sévères contre ceux qui enseveliraient leurs morts dans cette étoffe, ou qui s'en vêtiraient. La même interdiction ne devait pas exister en Grèce où le climat était moins doux. On ne sait pas à quelle époque l'agriculture fut introduite dans ce pays, ni quand ses habitants commencèrent à s'adonner au commerce ; on sait seulement que les arts ne s'y montrèrent que fort tard.

Pendant longtemps l'Attique infesta les mers de ses vaisseaux, qui n'y paraissaient que pour courir au pillage, tandis que le pays lui-même était ravagé par des brigands qui ne permettaient pas d'entreprendre le voyage le plus court. Thésée se rendit fameux en exterminant plusieurs de ces brigands.

Minos ne rendit pas de moins grands services sur mer : toutefois, la piraterie se conserva en honneur jusqu'au temps du siége de Troie, puisque, même après cette époque, on demandait aux étrangers s'ils n'exerçaient pas cette profession.

Beaucoup d'historiens ont attribué au commerce le degré de puissance où s'éleva Athènes : nous croyons qu'ils se sont trompés. En effet, jusqu'à l'époque de sa décadence, elle se borna à échanger ses huiles et ses fruits contre des froments qu'elle retirait d'Égypte ou du continent d'Europe; mais elle ne se livra jamais au commerce proprement dit, qui consiste dans un trafic multiple de produits dont la valeur augmente en raison des transports qu'on en fait.

Ce fut après la victoire de Salamine, qui délivra les Athéniens du joug des rois de Perse, que les Athéniens sentirent la nécessité de se rendre puissants sur mer, non pour faire le commerce, mais pour rendre leur indépendance aux colonies grecques de l'Asie. Thémistocle jugea avec raison que le tribut qu'Athènes pourrait percevoir sur ces villes la mettrait en état d'entretenir une marine assez considérable pour tenir l'empire de la mer, et pour élever sa puissance au-dessus de celle de Sparte, en attachant à sa grandeur l'intérêt de tous les peuples qui viendraient se ranger sous sa protection.

III

Un demi-siècle environ avant que Darius portât la guerre en Grèce, les Lydiens avaient battu monnaie. Cet usage passa en Perse, où les premières pièces portèrent le nom de *dariques* qu'elles conservent encore. Il est probable que les Juifs qui, du temps de Salomon, avaient fait alliance avec les Phéniciens et les Égyptiens, et dont le commerce était assez étendu, eurent une monnaie avant les Grecs de l'archipel : il ne faut pas croire cependant, comme on pourrait l'inférer d'un passage de l'Écriture Sainte, qu'ils connaissaient ce moyen de commerce avant leur captivité en Égypte.

Les Phéniciens et les Égyptiens furent sans doute ceux qui, les premiers, introduisirent la monnaie dans la grande Grèce, où l'on retrouve, ainsi que chez les peuples de l'Asie, quelques traces des *lettres de change*. Socrate dit positivement qu'un étranger qui avait amené des grains à Athènes, donna à un négociant une lettre de change sur une place du Pont-Euxin, afin d'éviter ainsi le risque de voir tomber son argent entre les mains des corsaires du Péloponèse, qui étaient maîtres de la mer.

Les Grecs sont le premier peuple de l'Europe chez lequel nous trouvons le *sablier*, qui sert à mesurer le temps : l'usage en était venu d'Égypte, où on le connaissait dès la plus haute antiquité. Cet instrument se composait de deux bouteilles dont les gouleaux n'étaient séparés que par un petit diaphragme, percé d'un trou très fin; l'une des deux bouteilles contenait du sable, et le temps qu'il mettait à tomber dans l'autre servait de mesure.

Le *clepsydre* servant au même objet était connu de temps immémorial. Dans cet instrument, l'eau remplaçait le sable.

En Chine, dans l'Inde et au Japon, des *mèches allumées* et *marquées de différents nœuds* tenaient lieu de clepsydre; quand la flamme était parvenue à l'un de ces nœuds, on frappait sur les cloches un certain nombre de coups. Pendant la nuit, les gardes qui parcouraient les rues donnaient un signal du même genre en frappant deux pièces de bois l'une contre l'autre. Les Grecs perfectionnèrent beaucoup le clepsydre.

Dans le beau siècle des Thémistocle, des Aristide, des Périclès, les arts connus étaient parvenus à un très haut degré de perfection dans toute la Grèce. Athènes surtout s'était illustrée par la beauté et la magnificence de ses ports et de ses édifices publics. Le talent de ses statuaires et de ses sculpteurs avait fait rechercher ses beaux marbres, qui étaient devenus l'objet d'un commerce considérable. Mais le temps de sa grandeur était passé : vaincue par Sparte dans la guerre du Péloponèse, elle vit les colonies de l'Asie s'affranchir de sa domination, et, quoiqu'elle se fût relevée par la suite, elle ne devint jamais assez puissante pour les remettre sous le joug.

Pour subvenir aux besoins qu'avaient fait naître les tributs qu'elle percevait, Athènes s'adonna au commerce, et, de puissante qu'elle était, elle devint florissante : en gagnant des richesses, elle perdit ses vertus premières et ce courage sans lequel les peuples ne peuvent rien exécuter de grand. Par la suite, elle songea bien plus aux spectacles qu'on devait lui donner qu'à la liberté qu'elle était sur le point de perdre. L'éloquence de Démosthènes tonna vainement dans ses murs : il ne put relever chez elle la vigueur qui lui avait fait faire tant de grandes choses. Philippe la surprit au milieu de ses fêtes, et elle reçut garnison étrangère.

Alors s'élevait une nation destinée à changer la face d'une partie du monde. Les Macédoniens, peuple belliqueux, mais qui, jusque-là, n'avait pas joué un rôle important, commencèrent à s'élever en puissance au-dessus même de la Grèce : disciplinés et déjà formés pour de grandes entreprises par Philippe, ils allèrent, sous le commandement d'Alexandre son fils, porter la guerre en Asie ; vainqueurs de Darius, ils triomphèrent partout où s'étendait l'empire des rois de Perse : ils pénétrèrent en Égypte et jusque dans l'Inde.

Alexandre construisit dans l'île de Pharos, au lieu même où était Néotris, la ville d'Alexandrie, qu'il se proposait de rendre l'entrepôt du commerce de toute la Méditerranée ; il avait formé le dessein de porter le siége de son empire dans l'Arabie heureuse, où il aurait attiré les produits de l'Inde et de la Chine. Déjà, par ses ordres, Néarque avait reconnu le cours de l'Indus et le golfe Persique jusqu'à l'embouchure du Tigre, tandis que lui-même, après avoir descendu l'Eulée jusqu'au golfe Persique, avait remonté l'Euphrate jusqu'à Babylone.

Ainsi, Alexandre avait préparé les voies par où devait

se faire le commerce de l'Europe et d'une partie de l'Asie avec l'Inde et la Chine. Mais la mort vint le surprendre au milieu de ces vastes projets, que, depuis, personne ne s'est trouvé à même de réaliser. Sur les régions qu'il avait conquises s'élevèrent les trois puissants empires de Macédoine, d'Égypte et de Syrie.

Séleucus, roi de Syrie, qui possédait des ports excellents, équipa de nombreuses flottes, qu'il destinait bien moins aux besoins du commerce qu'à l'entretien de relations suivies avec les peuples de la Grèce, d'où les rois d'Asie tiraient leurs meilleures recrues : ces flottes devaient, en même temps, faire des conquêtes sur les côtes de la Méditerranée : elles s'emparèrent de Tyr, de Sidon et de la Cilicie, qui faisaient partie du royaume de Macédoine. L'industrie de ces villes attira dans l'État des richesses immenses, que vint encore augmenter le commerce des marchandises de l'Inde et de la Chine, qu'on transportait dans l'Asie par l'Euphrate. La Syrie avait la côte la plus fréquentée par le commerce de la Méditerranée et de la mer Rouge : sa prospérité se maintint jusqu'au règne d'Antiochus.

Vers le même temps, Ptolémée faisait fleurir l'Égypte : par ses soins fut ouvert le canal que Nécus n'avait pu achever, et qui joignit le Nil à la mer Rouge. De cette manière, l'Égypte devint le lien de deux mers et de toutes les côtes de l'Inde, en même temps que, par des canaux tirés à travers les déserts et qui communiquaient du golfe de l'Océan à la mer Rouge et au Nil, elle pouvait transporter ses denrées dans une partie de l'intérieur et sur les côtes de l'Asie. Des caravanes lui apportaient les marchandises précieuses de l'Arabie et de l'Inde, qu'elle faisait passer dans la partie méridionale de l'Europe.

Un commerce si prospère attira en Égypte une quantité prodigieuse d'habitants de toutes les parties du monde, et la population s'accrut dans le même rapport que les richesses.

Ptolémée Philadelphe ne négligea aucun des moyens devant augmenter la prospérité de son empire. Pendant que ses flottes immenses rangeaient sous ses lois toutes les côtes maritimes de l'Asie, la Cilicie, la Pamphilie, la Corée, la Phénicie, il appelait auprès de lui les savants de tous les pays. Il fut visité par plusieurs des philosophes grecs qui firent le plus d'honneur à leur patrie. Il réunit dans la bibliothèque d'Alexandrie sept cent mille volumes des ouvrages qui avaient été publiés, et il fit faire une traduction des livres des Juifs : c'est la traduction qui a pour titre des *Septante*. Grâce à ce grand prince, l'Égypte fut, à la fin de cette période de grandeur, ce qu'elle avait été dans les premiers temps, la nation la plus éclairée et la plus civilisée de ce continent.

Ce qui frappe le plus dans la destinée des arts en Asie, c'est qu'au lieu de faire des progrès depuis les premiers temps, ils paraissent, au contraire, se dégrader ou se perdre par le cours des siècles.

Sous leurs premiers rois, Babylone, Memphis, Thèbes se présentent à nous avec une splendeur que nous avons peine à concevoir : ces palais immenses, ces jardins suspendus, ouvrages de Sémiramis, ces tours, ces pyramides d'une prodigieuse hauteur, ces villes si étendues dont les limites attestent encore l'existence, ces lacs magnifiques et si utiles dans l'Assyrie et dans l'Égypte, ces nombreux canaux arrosant des terres si fertiles, aujourd'hui sans culture, tant de travaux si difficiles à entreprendre et si pénibles à exécuter, ont demandé le concours de grandes populations et d'ingénieurs habiles; cependant, c'est à peine si les noms des arts qui ont dû se réunir pour tant de merveilles sont parvenus aux Ptolémées, qui, certes, n'auraient pas dérobé à l'Europe des connaissances si importantes.

Il fallait arriver jusqu'à nos jours pour découvrir une partie de ces merveilles, pour les faire sortir des monceaux de sable sous lesquels elles étaient englouties longtemps avant les Ptolémées.

M. Mariette, archéologue français, a opéré cette espèce de miracle. Il a déblayé, il a fouillé, et, après plus de trois mille ans, des temples et des édifices immenses datant de plus de quatre mille ans avant Jésus-Christ ont revu le jour.

C'est par M. Mariette que nous avons appris que la puissance des anciens Égyptiens s'étendait sur une grande partie de l'Afrique et de l'Asie, que tous les arts y étaient florissants, que l'architecture, la sculpture, la peinture, l'orfévrerie dans ses détails les plus délicats et les plus ingénieux, étaient portés au plus haut degré de perfection.

IV

Dans le temps que le commerce et les arts avaient repris leur influence en Égypte, deux peuples se disputaient l'empire du monde : Rome, qui n'avait jam is eu d'inclination pour le commerce, qui n'avait, dans ce moment, ni monnaie, ni vaisseaux, qui n'avait d'autres richesses que les dépouilles de l'ennemi ; et Carthage, qui voyait, au contraire, affluer dans ses murs les richesses du monde entier, tributaire de ses nombreux vaisseaux, se livraient une guerre d'extermination.

On ne sait pas à quelle époque remonte la fondation de Carthage, ni quel fut son premier gouvernement : on sait seulement qu'elle était une colonie de Tyr qui s'établit probablement à la même époque que celle de Cadix. S'il faut en croire Virgile, Didon n'y aborda que longtemps après sa fondation. Elle était située sur la côte d'Afrique, dans une presqu'île où il y avait un port vaste et sûr ; son territoire produisait des fruits excellents, et l'agriculture y était florissante.

Les Carthaginois allaient chercher dans les Gaules, en Espagne, le cuivre, l'argent, l'or même, et ils y portaient, en échange, le fin lin, la pourpre et toutes les marchandises de l'Orient ; ils s'emparèrent du commerce de l'étain que les Phéniciens avaient fait jusque-là dans les îles Castéries ; on croit qu'ils découvrirent les premiers l'Islande dans le Nord ; ils reconnurent toutes les côtes d'Afrique, ils y trafiquèrent, et s'y établirent; ils avaient des comptoirs depuis les colonnes d'Hercule jusqu'à l'île de Cérué, au delà des Canaries; ils allèrent, il n'en faut pas douter, de Cadix jusqu'à la mer Rouge, puisque nous y voyons entrer Hannon, envoyé par le Sénat pour y faire des découvertes.

Si jamais peuple fut digne de régner sur les mers par son génie entreprenant, par son habileté à se former des relations, par l'adresse et l'audace de sa marine, ce peuple fut Carthage. Cet empire, les Carthaginois l'eussent acquis plus légitimement que les Romains l'empire de la terre; et qui sait auquel des deux le monde aurait appartenu si les factions n'avaient pas divisé Carthage, ou même si la famille de Barca avait compté encore un Amilcar ou un Annibal?

Jusqu'à l'époque de la première guerre punique, les Romains n'avaient connu d'autre moyen que la guerre pour acquérir des richesses : chez un peuple qui n'ambitionnait pas d'autre gloire que celle des triomphes militaires, les arts ne pouvaient point obtenir une grande considération, aussi furent-ils entièrement abandonnés aux esclaves; il faut toutefois excepter l'agriculture, qui y était en honneur.

Les Romains avaient distribué la journée en trois parties : le matin, le midi et le soir. La première idée de partager le temps en parties plus petites leur fut suggérée par la marche de l'ombre.

S'il faut s'en rapporter à plusieurs historiens de la Grèce et de Rome, il est hors de doute que les peuples anciens avaient l'opinion qu'il existait une *île atlantique.* Qui pourrait affirmer alors que cette île atlantique, plùs grande que les trois parties du monde, fût une autre que celle d'Amérique? et si c'est la même, pouvons-nous ne pas croire que les Carthaginois l'aient aperçue et même fréquentée, quand un écrivain nous dit qu'un vaisseau, poussé par la tempête, y aborda, y trouva des terres extrêmement fertiles, couvertes de forêts superbes, et arrosées par des fleuves qui paraissaient grands comme la mer?

Ce même auteur dit que les migrations des Carthaginois pour cette île, située au delà du détroit des Guades, devinrent si nombreuses que le Sénat crut devoir faire des lois pour les défendre; il voulut même que cette terre restât inconnue aux autres nations, comptant qu'il pourrait s'y retirer avec le peuple, dans le cas où une guerre funeste viendrait à les chasser des côtes d'Afrique.

La vérité de cette assertion paraît d'autant mieux fondée, qu'après la destruction de Carthage ce peuple disparut en quelque sorte et tout à coup de la scène du monde. Où s'était-il retiré, où avait-il porté les débris de ses richesses, quelle partie du monde avait-il choisie pour se soustraire aux armes victorieuses de Rome, sinon l'île qu'il avait découverte, la terre fertile déjà si souvent fréquentée par ses vaisseaux, et déjà devenue la patrie de tant de Carthaginois?

On objectera peut-être que les anciens ne connaissaient pas la boussole, sans laquelle on ne saurait se guider dans les vastes mers qui nous séparent de ces terres; mais ne pourrait-on pas répondre que les arts connus chez les anciens, n'étant pas parvenus jusqu'à nous, nous ne devrions pas être étonnés si ce moyen ou tel autre qui le suppléait s'était perdu en même temps que le peuple qui le possédait. Il est certain, d'ailleurs, que les Romains ont fait disparaître tout ce qui pouvait jeter quelque intérêt sur le pays qui avait produit Annibal.

Dans l'an 491, Rome reçut de Phénicie ou d'Égypte l'usage du cadran solaire qui y était connu de temps immémorial ; la fabrication des métaux ne parvint chez les Romains, à un assez haut degré de perfection, que longtemps après. Dans les commencements, ils ne se montrèrent soigneux que d'avoir de bonnes armes, négligeant d'ailleurs toutes les industries qui avaient rapport avec le commerce.

On voit cependant qu'antérieurement ils avaient fait des traités avec les Carthaginois. Les historiens en ont tiré la conséquence qu'à cette époque Rome faisait le commerce ; il est dit, dans un de ces traités, que Carthage n'attaquera point certaines villes de l'Italie. Selon nous, les Romains n'avaient stipulé en faveur de ces villes, que parce qu'ils se proposaient de les soumettre à leur joug, comme en effet cela arriva. Ce qu'on ne peut révoquer en doute, c'est qu'avant la première guerre punique les Romains n'avaient point de vaisseaux : les Napolitains et les Tarentins leur prêtaient ceux dont ils avaient besoin pour l'importation des blés.

Pendant la première guerre punique, les Carthaginois se répandaient sur les côtes d'Italie, et portaient le fer et le feu à la vue même de Rome. N'ayant aucun moyen de se défendre contre un ennemi qui trouvait toujours un refuge assuré sur sa flotte, Rome résolut alors de l'attaquer sur l'élément où il dominait; une galère carthaginoise qui avait échoué sur la côte servit de modèle, et en soixante jours les Romains opérèrent un armement assez considérable pour pouvoir aller à la rencontre de la flotte ennemie; ils ajoutèrent à leurs vaisseaux une sorte de harpon appelé *corbeau* qui, en accrochant les bâtiments opposés, devait rendre les combats de mer assez semblables aux combats de terre. Ce fut à cette machine principalement qu'ils durent leurs succès sur les Carthaginois.

V

Vers le même temps, les Illyriens et les Istriens construisaient des vaisseaux appelés *liburnes*, d'une meilleure coupe et plus fins voiliers que ceux connus jusque-là. Ces peuples ayant dévasté la Macédoine, vinrent porter leurs ravages dans l'Italie. Rome arma une nouvelle flotte pour courir sur eux, et elle parvint à les reléguer dans les rochers de la Macédoine d'où ils étaient sortis.

Durant la deuxième guerre punique, l'Italie étant au pouvoir d'Annibal, les Romains firent venir des blés de la Sicile, d'Alexandrie et d'autres points de l'Afrique; ayant trafiqué sur cette denrée, ils exportèrent et importèrent d'autres objets, les échanges se multiplièrent et Rome commença à devenir commerçante.

Les arts avaient fait quelques progrès; les cadrans

solaires dont nous avons parlé, avaient été rectifiés par Marius-Philippus, ils s'étaient multipliés dans toute l'Italie. Masica avait fait connaître le sablier et le clepsydre ; on dit même que Trivalcien, qui vivait dans l'an 513 de Rome, posséda une *horloge à rouage* ; mais ce n'était probablement qu'une ébauche. Plus tard Athénée fabriqua une *horloge* qui marquait les heures par le *sifflement de l'air,* pressé, au moyen de l'eau, dans une étroite ouverture. Les anciens ne nous ont pas laissé de description de l'horloge à engrenage.

Il est prouvé que le luxe et le commerce firent des progrès en même temps que les arts ; toutefois rien ne démontre qu'alors les Romains jugeassent nécessaire d'entretenir des flottes pour protéger leurs marchands ; nous voyons, au contraire, qu'après la défaite de Persée par les escadres combinées des alliés, ils brulèrent les vaisseaux qui avaient été pris, au lieu de les garder ; qu'après la troisième guerre punique, lorsque Carthage fut détruite, lorsque tout semblait l'inviter à s'emparer du commerce qu'avait fait sa rivale, Rome resta stationnaire, le nombre de ses marchands n'augmenta point.

Quelque temps après s'éleva en Asie, contre la République romaine, un ennemi plus redoutable encore par les ressources de son génie que par ses trésors et les populations nombreuses dont il pouvait disposer : Mithridate voulut venger tous les rois qu'avait vaincus Rome ; il assiégea d'abord Rhodes qu'il ne put enlever, puis il porta ses armes en vainqueur dans la Macédoine et dans la Grèce.

Rome ne pouvait s'opposer que difficilement à ces

conquêtes, parce que les escadres de Mithridate étaient maîtresses de la Grèce. Cependant, Sylla s'empara d'Athènes et envoya son lieutenant Lucullus pour réunir les vaisseaux des armées des alliés, avec lesquels il battit l'armée navale du roi de Pont. Après cette victoire, Sylla fut libre de passer en Asie.

Les pirates dont il a été question se montrèrent de nouveau; encouragés par Mithridate, ils mirent en mer plus de mille vaisseaux, pillèrent plus de quatre cents villes, et osèrent se montrer jusque sur le Tibre; cette guerre parut assez importante pour qu'on dut en confier la direction à Pompée qui, après avoir défait les ennemis, les força de se réfugier sur leurs rochers, et leur donna des terres à cultiver loin du rivage. Les Romains voulurent avoir une marine, et le sénat vota des fonds pour cet objet. Mais Pompée assura que les flottes des alliés devaient suffire en tout temps.

A l'appui de l'opinion que nous émettons au sujet de l'éloignement des Romains pour le commerce, nous pourrions citer plusieurs lois défendant aux sénateurs de l'exercer. Les citoyens le dédaignaient également, les affranchis le firent pour leur compte; de là les immenses richesses que possédèrent plusieurs d'entre eux. Démétrius, affranchi de Pompée, fit construire à ses frais un amphithéâtre pouvant contenir quarante mille personnes; et Pallas, affranchi de Claude, avait une fortune s'élevant à plus de sept millions.

Rome ne compta jamais dans ses mers que très peu d'industriels. Tous les objets de luxe étaient envoyés des provinces où on les fabriquait; elle n'eut même jamais de manufacture ni d'établissement qui pût y fixer l'argent provenant des impôts, de l'exploitation des mines et des dépouilles de l'ennemi.

Auguste entretint trois escadres : l'une, dans la mer Adriatique, pour donner la chasse aux corsaires et pour garder les côtes orientales de l'Italie jusqu'à l'extrémité du Pont-Euxin ; une autre, pour défendre Alexandrie et les côtes méridionales de Rome ; et la troisième, pour veiller sur les côtes des Gaules, de l'Espagne et de l'Afrique.

Rome retirait principalement de l'Espagne de l'or et de l'argent ; elle y employait beaucoup de monde pour l'exploitation des mines ; quarante mille hommes étaient occupés à celles se trouvant près de Carthagène : elle faisait venir l'étain de la Grande-Bretagne ; après la ruine de Carthage, les Marseillais avaient voulu s'emparer de cette branche importante de commerce, mais ils avaient été prévenus par les Gaulois.

Quand César vainquit les Gaules, les Vénitiens allaient chercher l'étain dans la Grande-Bretagne, d'où ils le voituraient à Narbonne, pour le porter ensuite à Rome et dans l'Orient. Les Romains se servaient de l'étain pour fabriquer des *miroirs*.

Pline fait honneur aux Gaulois de l'invention de l'*étamage* : les habitants du Berry en faisaient leur profession.

Auguste ne négligea aucun moyen pour inspirer aux Romains le goût du commerce ; il fit rebâtir Carthage et Corinthe ; ses successeurs imitèrent sa politique, et bientôt le luxe le plus fastueux régna dans la cour des Césars qui donnaient eux-mêmes l'exemple de la dépense et de la débauche : il fallut des milliers d'esclaves pour servir ces citoyens romains, dont les pères s'étaient illustrés autant par la simplicité de leur vie que par leurs vertus et leur courage.

Sous Auguste encore, Virgile avait labouré son champ jusqu'à l'âge de vingt ans.

Toutes les contrées du monde contribuèrent alors au luxe de Rome corrompuè ; on fit venir en Italie des troupeaux de béliers d'Espagne dont la laine était des plus estimées. Le croisement des béliers d'Afrique avec les brebis d'Italie produisit aussi de superbes toisons.

En même temps, on apportait à grand frais, de l'Inde et de la Perse, de magnifiques tapisseries de soie, sur lesquelles les habitants de ces pays brodaient, avec un talent surprenant, des êtres fantastiques. Aristote parle d'une de ces étoffes sur laquelle étaient représentées les six principales divinités de la Grèce. Selon Pline, les Alexandrins savaient broder sans aiguille, et Apollonius de Tyane rapporte qu'il vit à Babylone des tapisseries sur lesquelles étaient représentées les amours d'Orphée, les aventures d'Andromède, la guerre de Xerxès, la prise d'Athènes et la bataille des Thermopyles. Tous ces dessins étaient d'un travail exquis.

A Rome, quelques-uns crurent d'abord que la soie était le produit d'un arbre ; d'autres s'imaginèrent qu'elle se tirait d'un roseau des Indes, ou qu'elle était un duvet déposé sur certains arbres par des oiseaux ; 150 ans avant Jésus-Christ, les vers à soie sauvages se multiplièrent d'une manière prodigieuse dans l'Inde et dans la Chine. Les vers sauvages sont plus faciles à conserver, mais leur produit n'est pas comparable à celui que donnent les vers à soie, élevés et nourris avec des feuilles de mûrier. Du temps d'Aurélien, la soie s'échangeait contre l'or, poids pour poids.

Pendant plusieurs siècles, les Perses approvisionnèrent les Romains de soies tirées de la Chine; leurs caravanes traversaient depuis l'Océan de la Chine jusqu'aux côtes de la Syrie; quelquefois aussi elles transportaient la soie au Malabar et au Gazarat, où elle était embarquée pour le golfe Persique.

On voyait figurer dans les appartements et sur la table des Romains des vases de verre d'un travail précieux. Les historiens de la Chine parlent d'une verrerie établie chez eux plus d'un siècle avant l'ère vulgaire. Pline attribue aux Sydoniens l'invention de la fabrication du verre; de son temps, plusieurs Romains avaient fait recouvrir l'intérieur de leurs appartements de verre blanc entremêlé de noir.

Sous Néron, on découvrit, en Égypte, un moyen pour faire du verre blanc et transparent comme du cristal; quelques auteurs parlent d'une coupe de verre malléable qui fut présentée à Néron, et s'il faut les en croire, l'inventeur de ce procédé aurait été mis à mort par les ordres de cet empereur.

Sénèque nous apprend que, de son temps, on se servait, pour les croisées, de verre coloré par le procédé de Démocrite. Nous savons qu'il y avait aux environs d'Alexandrie plusieurs fabriques de ce produit de l'industrie. Au temps des empereurs, on imitait parfaitement les pierres précieuses avec le verre.

Les Romains connaissaient l'indigo, qu'on employait pour teinture en Chine plusieurs siècles avant notre ère; il venait de l'Inde en Europe par le golfe Persique, la mer Rouge et l'Égypte. Dioscoride le rangeait parmi les drogues astringentes, et ne se trompait pas ; les anciens lui attribuaient des vertus curatives qu'on lui a reconnues depuis ; ils l'employaient pour la teinture et préféraient celui qui donnait un bleu foncé.

L'ambre rapportait aussi des revenus considérables au commerce d'Occident ; des caravanes le transportaient de la Prusse, à travers la Germanie, sur les bords de l'Eridan où se trouvait le principal dépôt ; de là, l'opinion reçue chez les Grecs qu'il venait sur les bords de ce fleuve.

Il paraît que les Romains faisaient un commerce considérable dans l'intérieur des Gaules, soit pour les bénéfices qui pouvaient en résulter, soit pour tourner l'esprit des habitants vers une industrie qui, en les occupant d'autres soins que de ceux de la guerre, leur fit supporter plus facilement le joug. Les Gaules et l'Espagne fournissaient beaucoup d'esclaves, mais on en faisait venir en plus grand nombre de la basse Asie, de la Cappadoce et de l'Afrique.

Les objets d'art, tels que les tableaux, les statues, les pierres gravées et les vases pour ornement, se tiraient de la Grèce, mais le commerce le plus considérable avait toujours lieu en Égypte. Depuis que les Ptolémée avaient ouvert le canal de communication entre le Nil et la mer Rouge, de nombreuses flottes se rendaient tous les ans dans l'Inde pour y charger des productions de ce pays qui fournissait au luxe de tout l'Occident ; et comme l'Inde et l'Arabie n'acceptaient que de l'argent en échange de leurs marchandises, elles attirèrent bientôt à elles tous les trésors de ces régions.

Au rapport de Pline, le commerce de Rome avec l'Inde ne comptait que cinq millions par année; mais ces cinq millions en argent manquaient pour toujours dans la circulation des monnaies, tandis que les cent millions de bénéfices qu'ils procuraient étaient consommés. Le produit des mines ne pouvant plus suffire pour combler les vides qu'occasionnait ce commerce dans la masse du numéraire, l'argent devint rare, et puis enfin il manqua entièrement.

D'autre part, le luxe s'étant introduit dans les armées, les empereurs avaient été forcés d'augmenter la solde des troupes. Pour faire face à tant de besoins, ils altérèrent la valeur des monnaies, moyen qui, insuffisant pour le moment présent, devait ruiner pour longtemps le crédit public. Cette mesure fut suivie d'une autre plus funeste encore : au lieu des troupes nationales, dont, à la vérité, l'entretien coûtait fort cher, les empereurs appelèrent des étrangers à la garde de l'empire. A compter de cette époque, les révoltes furent sans cesse renaissantes dans l'armée.

Plus d'une fois les soldats mirent à l'encan un trône sur lequel le prince n'avait pas toujours le temps de s'asseoir. Enfin Constantin porta le siége du gouvernement à Byzance.

Alors l'Italie, déjà appauvrie par l'excès du luxe, le fut davantage par le départ d'une cour, dont les prodigalités faisaient vivre du moins ceux qui l'entouraient : abandonnée de ses habitants, elle vit tomber ses campagnes en ruines; elle fit venir des blés de Sicile et d'Afrique, jusqu'au temps où les Vandales, maîtres de Carthage, s'exercèrent à la marine et interceptèrent les convois destinés pour Rome. Bientôt ces barbares, commandés par Genséric, s'avancèrent contre cette capitale, qui réclama vainement des secours de Byzance.

Assiégée et prise d'assaut par les Vandales, Rome fut abandonnée au pillage pendant quatorze jours. Les vainqueurs se retirèrent ensuite, semblant dédaigner d'occuper plus longtemps une ville qui durant tant de siècles avait imposé ses lois au monde.

Après le saccage de Rome par les Vandales, d'autres peuples se joignirent à ces barbares pour se jeter sur les Gaules ; mais, repoussés par les Francs et les Bourguignons, ils allèrent s'établir en Espagne.

Cependant Constantinople, où s'était retiré tout ce qui restait de vie à l'empire romain, se maintenait encore. Quelques empereurs avaient su arrêter, sur le penchant de sa ruine, l'État, dont chaque jour rendait la perte plus certaine. Sous Justinien, il sembla reprendre quelque grandeur. En même temps que ce prince soutenait, avec des succès divers, la guerre contre les barbares, il mettait en ordre la législation du pays.

Justinien voulut aussi relever les arts et le commerce : il enleva aux Perses le monopole des soies de l'Inde et de la Chine, dont ils fournissaient l'Europe depuis plusieurs siècles : il les fit venir par le Pont-Euxin et l'Abyssinie ; sous son règne, des moines, qui avaient habité la Chine, y allèrent chercher des vers à soie : ils firent éclore dans du fumier ces insectes précieux, qui se propagèrent bientôt dans toute la Grèce. On en éleva une très grande quantité à Athènes, à Corinthe et à Thèbes.

L'introduction des vers à soie dans l'empire fut un événement d'autant plus important que le luxe y faisait d'immenses progrès ; la misère publique augmentait à mesure que le luxe prenait de l'accroissement. Cette position était aggravée par les barbares qui avaient envahi les côtes de l'Asie et de l'Afrique, et l'état déplorable de la marine, car le commerce avec l'Inde et la Chine devenait, de cette manière, presque impossible.

Sous les successeurs de Justinien, les arts, qu'il avait voulu relever, furent entièrement négligés, et ils finirent par se perdre au milieu de la barbarie dont les hordes du Nord étaient venues couvrir l'Europe ; mais d'autres conquérants, moins grossiers, devaient y faire briller encore quelques rayons de lumière.

Les Arabes, peuple inconnu jusque-là, s'avancèrent à leur tour sur la scène du monde : ils s'emparèrent de l'Afrique, de l'Asie-Mineure, d'une partie de l'Inde et de l'Espagne ; tantôt commerçants, tantôt missionnaires ou conquérants, ils s'étendirent jusqu'à la Chine et aux Moluques. Possesseurs de ces vastes contrées, dont les produits étaient si différents, ils établirent un grand commerce d'échanges. Les Arabes de Barcelone, ainsi que les Vénitiens et les Génois, qui se distinguaient aussi dans le négoce, allaient acheter sur les côtes d'Afrique des marchandises qu'ils versaient ensuite en Europe.

Enrichis par leurs spéculations commerciales plus encore que par leurs conquêtes, les Arabes s'adonnèrent à l'étude des sciences et firent avancer la raison humaine ; ils connurent les premiers éléments de l'algèbre, de l'astronomie et de la chimie; ils construisirent des machines et trouvèrent des remèdes, inconnus aux anciens. Les princes musulmans encouragèrent surtout l'étude de la chimie.

Les premiers chimistes arabes s'instruisirent, probablement, dans l'intérieur de l'Asie où, comme nous l'avons dit, les sciences, depuis longtemps, étaient cultivées avec succès. Ce qui paraît confirmer cette opinion, c'est que les plus célèbres d'entre eux voyagèrent beaucoup. Gobert, l'un des plus savants, découvrit ce qu'on a nommé depuis le *muriate oxygéné de mercure*; d'autres trouvèrent l'*oxyde rouge*, l'*acide nitrique* et le *phosphore*.

Dès le septième siècle on savait faire de l'*eau-de-vie* dans la Chine.

Pendant que les travaux des Arabes faisaient ainsi avancer la science, les Grecs imitaient le travail des manufactures de l'Asie; ils introduisaient en Italie les procédés qui de là passèrent en France, où les demoiselles nobles se faisaient honneur de les connaître et de les pratiquer. Charlemagne voulut que ses filles s'en occupassent. Les draps de laine acquirent aussi une grande réputation; Arras et Laodicée en fabriquaient de très estimés. Dans les premiers siècles de l'ère chrétienne, ceux de Constantinople furent recherchés en Allemagne et en Italie.

On parle de superbes horloges qui furent fabriquées pour des princes de Perse et de Constantinople. Théodoric s'était adressé à Boëce pour en faire faire deux qu'il destinait au roi des Bourguignons. Celle dont Paul Ier fit présent à Pépin le Bref est célèbre. La première horloge à timbre fut envoyée à Charlemagne par Haroun-al-Raschid, elle annonçait les heures qui tombaient sur le timbre comme font maintenant les marteaux.

A cette époque on fabriquait encore le savon avec de l'huile et des cendres gravelées ; celui que faisaient les Germains était le plus estimé au temps des premiers empereurs.

Tandis que le génie des Arabes faisait fleurir quelques arts en Orient, tout l'Occident était plongé dans la plus profonde ignorance ; on y avait perdu jusqu'au souvenir des procédés pour travailler les métaux. Plusieurs siècles devaient s'écouler avant qu'on retrouvât les fourneaux à la Catalan qui avaient été inventés sous les empereurs romains.

Constantinople elle-même était considérablement déchue, malgré la proximité des Arabes. Le luxe régnait encore dans ses murailles, mais on n'y voyait plus les arts qui, presque toujours, l'accompagnent, et qui le font quelquefois pardonner. Les factions, sans cesse renaissantes, faisaient couler le sang dans les rues, et l'ennemi franchissait la frontière sans trouver de combat à livrer. Les passions les plus désordonnées appelaient l'excès du plaisir dans ses palais somptueux, et l'état manquait de vaisseaux pour protéger ses marchands sur mer.

VI

L'Occident de l'Europe était également sans marine, et ses côtes restaient exposées aux brigandages des pirates qui infestaient les mers et les grandes rivières.

Les Français, pour cette partie, avaient prodigieusement dégénéré de ces premiers Francs qui, sous Probus, Dioclétien, Maximilien et Constantin, s'étaient rendus aussi fameux que redoutables par leurs excursions maritimes. Les flottes des premiers rois français sur l'Océan et la Méditerranée s'étaient peu à peu dispersées ; sous Charlemagne, elles reparurent plus formidables que jamais. L'agrandissement qu'avait pris son empire, alors bordé d'un côté par l'Océan, d'un autre par la Méditerranée, et arrosé d'une foule de rivières navigables ; les incursions des pirates du Nord, désignés depuis sous le nom de Normands, dont il avait prévu les ravages ; les fréquentes descentes des Sarrasins qui infestaient les mers, et cherchaient à se rendre aussi puissants dans les îles qu'ils l'étaient sur le continent ; les différends de cet empereur d'Occident avec l'empereur d'Orient, tout avait mis ce grand monarque dans la nécessité de se rendre redoutable sur mer.

On vit donc bientôt toutes les embouchures de rivières couvertes d'une multitude, non de vaisseaux, l'art était trop dans son enfance pour en imaginer la construction, mais de longs bateaux, armés et équipés en guerre, qui firent partout respecter le pavillon français.

Cet éclat de la marine française fut celui d'un moment ; il disparut avec le monarque. Ses faibles successeurs, livrés aux guerres intestines, ou forcés de recevoir dans l'une des plus belles provinces du royaume les brigands qui l'avaient si longtemps désolée, ne songèrent même pas à l'usage qu'ils pouvaient faire de leur marine ou contre leurs concurrents ou contre leurs ennemis.

Le mal devint encore plus grand sous les usurpations féodales légitimées par Hugues Capet. Le roi, qui n'était pour ainsi dire que le premier entre ses égaux, n'ayant point de côtes maritimes dans le domaine qui lui était propre, ne pouvait prétendre se rendre redoutable sur un élément où les grands feudataires, tenant la Normandie, la Bretagne, la Guyenne et le Languedoc, auraient assurément été plus forts que lui.

Les Sarrasins, qui avaient forcé Charlemagne à monter une marine, étaient alors assez occupés chez eux pour n'être pas craints ailleurs ; les Normands, depuis leur installation en France, ne tournaient plus leurs pirateries contre elle, et les guerres civiles dont l'Angleterre était agitée ne permettaient pas à ses rois de harceler la France, autant qu'ils auraient pu le faire, en qualité de ducs de Normandie, s'ils avaient été en paix chez eux.

Ainsi, rien n'engageant la France à rechercher sur mer une supériorité dont elle n'avait pas besoin, tout avait contribué à jeter sa marine dans l'anéantissement ; elle commença à en sortir sous Philippe Auguste, qui prit pour modèle, dans la construction de ses vaisseaux, ceux des états d'Italie. Gênes, Venise, Pise et les Sarrasins de Barcelone avaient alors tout le commerce de l'Europe; leurs vaisseaux, plus nombreux que ceux des autres puissances, allaient chercher dans Alexandrie et dans Constantinople toutes les marchandises de l'Asie ou de l'Afrique pour les verser dans l'Europe.

Ces navires n'étaient que des espèces de bateaux auxquels on faisait prendre le nom pompeux de vaisseaux de guerre quand on les équipait pour une expédition; ils ressemblaient beaucoup, pour la construction ou la manœuvre, à ces petits bâtiments que les Romains construisirent dans l'origine de leur marine, sur le modèle de la galère carthaginoise, échouée près de leurs côtes.

Un auteur dit que les plus grands de ces vaisseaux de guerre, nommés *galées*, et suivant leurs dimensions, *galiots* ou *galéides*, dont nous avons formé plus tard le nom de *galères* ou de *galions*, étaient ces petits vaisseaux légers que les Romains avaient nommés *liburnicus;* ils étaient à voiles et à rames, armés du fameux *rostrum* ou bec des anciens, que formait une poutre à trois pointes, couverte d'airain ou de fer à l'extrémité, et qui, placée en avant de la quille, sous la proue, et d'ordinaire à fleur d'eau, servait à percer le vaisseau ennemi et à le couler bas.

Ce n'était pas la seule conformité que la *galée* eût avec le vaisseau romain; elle avait comme lui plusieurs rangs de rames; le *galiot* ou *galion* n'en avait qu'un, ce qui le rendait plus léger à la course, et plus propre à lancer des feux. Ceux de la *galère*, à laquelle on en donnait davantage, étaient placés les uns sur les autres;

seulement, les rames du rang le plus élevé étaient plus longues que celles du rang le plus bas.

Quand on voulait combattre, on élevait à la hâte, sur la *galée*, des tours ou châteaux de bois, du haut desquels se lançaient, sur le vaisseau ennemi, des flèches, des pierres et de la poix enflammée ; outre ces tours, que dans la défaite on avait bientôt jetées à la mer pour rendre le navire plus léger, on construisait des créneaux, à l'abri desquels, comme derrière les murailles d'une ville, les combattants pouvaient impunément provoquer leurs adversaires. C'était sur les créneaux ainsi que sur la hune, à la poupe et à la proue, que se déployaient les bannières et les pennons des chevaliers qui étaient sur le bâtiment. Indépendamment des armes offensives dont nous venons de parler, le vaisseau était chargé, sur le pont, de balistes, de pierriers et de toutes les machines propres à lancer des flèches ou des pierres ; il était aussi armé de grappins pour accrocher et aller à l'abordage, et de petits bateaux en forme de brûlots, pour mettre le feu à la flotte ennemie dans le combat qui se donnait, ou en triangle, ou en croissant, quelquefois en un seul corps, d'autres fois par divisions ou escadres.

On s'efforçait alors, comme à présent, de gagner le vent et d'avoir le soleil à dos. Le principal but des manœuvres était, ou de rompre les rames de l'ennemi en rasant ses vaisseaux, et en les brisant avec le corps de celui qu'on leur opposait, ou de les percer avec le *rostrum*, afin de les couler à fond, ou enfin d'aller à l'abordage, sorte de combat qu'on tenait des Romains, et où les chevaliers et les hommes d'armes n'avaient pas moins d'avantages qu'en avaient eu les légions sur les Carthaginois.

On se servait encore sur mer de *barges*, espèce de grandes barques, de *ballingers*, autres vaisseaux de guerre, mais plus petits que les *galées*; enfin, de vaisseaux de charge de toute grandeur, mais en bien plus grand nombre que les vaisseaux de guerre. Le plus considérable de ces bâtiments de charge était le *vissier* ou *huissier*, mot qu'on avait fait dériver de la latinité de ce temps-là : *huisseria* ou *useria* ou *usaria*; on l'employait pour le transport des chevaux. Cinquante de ces vaisseaux, selon le moine Godefroi, suffisaient pour contenir deux mille chevaliers avec leurs chevaux de bataille et dix mille soldats avec leurs armes.

On tire l'étymologie de leur nom du mot *huis* qui signifie porte. Il y en avait une, en effet, pour donner entrée aux chevaux, et elle se trouvait sous l'eau lorsque le navire avait sa charge ; quand ils y étaient tous, on avait le soin de fermer les jointures avec le spalme alors en usage : *ainsi, comme on voudroit faire un tonnel de vin*, dit Joinville, *parce que quand la nef est dans la grande mer, toute la porte est en eau.*

VII

Le commerce en Europe ne se montra qu'après les croisades, et encore fut-il entouré de tant d'obstacles, fut-il sujet à tant de vols, d'impôts forcés et d'avanies, qu'il devait s'enfermer dans les limites les plus étroites et ramper plutôt que marcher.

Rien n'égale la surprise qu'éprouvèrent les chefs de la croisade lorsqu'ils visitèrent Constantinople ; la vue des beautés de cette ville, beautés dont ils n'avaient nulle idée, caractérise trop leurs mœurs pour n'en pas faire mention ici : «Quelle belle et vaste cité, écrit le » comte de Champagne à son épouse, combien de cou- ». vents ! combien de palais bâtis avec un art admirable ! » Jamais on n'a vu rassemblés tant de manufactures » merveilleuses, tant de meubles et de bijoux, en or et » en argent, tant d'étoffes précieuses de toutes espèces. » A toute heure, et dans toutes les parties du monde, » ce sont des vaisseaux qui entrent dans le port, char- » gés de tout ce qui est nécessaire à la vie, et que » viennent y déposer, pour ainsi dire, toutes les na- » tions. »

A Nicée, à Antioche, que possédaient les Sarrasins, partout où les croisés entrèrent en vainqueurs, ils trou- vèrent les mêmes beautés, le même luxe, la même ac- tivité dans le commerce, qui, comme nous l'avons déjà dit, avait fixé son siége dans l'Orient. Il était difficile aux croisés d'échapper à tant de séductions ; aussi se jetèrent-ils dans le luxe et la débauche, et bientôt l'on vit régner dans le camp des chrétiens une incroyable dissolution et le plus horrible désordre. Ce n'est point ici le lieu de raconter les pertes que leur occasionna une conduite si indigne de guerriers armés au nom de la religion

En rentrant en France, les croisés qui n'étaient pas tombés sous le fer des Sarrasins y apportèrent le goût du luxe et de la débauche qu'ils avaient puisé dans l'Orient, et en peu de temps ils le communiquèrent, comme une maladie contagieuse, aux nobles que la croisade n'avait point entraînés hors de la patrie.

Pour satisfaire à ces goûts, à ces nouveaux besoins, ils souhaitèrent que le commerce s'établît dans l'État. Jusque-là, les marchands n'avaient pas joui de plus de considération que les courtisanes, les farceurs et les bateleurs, dont ils se faisaient presque toujours accompagner dans les marchés pour attirer la foule autour de leurs boutiques; aussi les foires et les marchés étaient-ils regardés comme des rendez-vous pour la débauche, et les marchands souvent excommuniés par les évêques. Les peuples les détestaient parce qu'ils fournissaient aux barons l'occasion de faire des dépenses constamment prélevées sur les sueurs des vassaux; ils étaient encore soumis à une multitude de droits de péage, tels que l'entrée, la sortie, l'aubaine, et très fréquemment ils étaient attaqués et volés par les nobles, quoiqu'ils marchassent armés et en caravanes.

Mais, après les guerres des croisades, les Vénitiens firent changer de face au commerce : ils apportèrent en France une grande quantité de marchandises d'Orient, et firent des bénéfices considérables. Les Arabes eux-mêmes la fournirent de leurs produits, et ils en portèrent encore en Angleterre.

En Allemagne, où l'on n'avait point de vaisseaux, les juifs s'étaient emparés des détails du commerce; ils prêtaient de l'argent aux négociants et aux citoyens, en exigeant des intérêts proportionnés aux dangers de pertes qu'ils couraient dans ces temps de vols et de brigandages. Le prêt fut défendu par les prêtres, et les magistrats prononcèrent la confiscation et des peines infamantes contre ceux qui se livraient à cette industrie. Les dangers augmentant, les juifs exigèrent des intérêts plus élevés. Les usures énormes qu'ils imposaient aux malheureux les rendirent l'objet de l'animadversion universelle : ils furent persécutés et pillés chez toutes les nations.

Cependant plusieurs villes d'Italie s'étaient érigées en républiques ; protégées par quelques gouvernements, elles avaient formé des fédérations et s'étaient adonnées au commerce; elles devinrent en peu de temps les factoreries du midi de l'Europe. Plus tard, Hambourg et Lubeck entreprirent le commerce sur la Baltique ; mais, harcelées par les brigands qui infestaient ces parages, elles se réunirent pour leur opposer une résistance plus imposante. Les succès qu'elles obtinrent attirèrent d'autres cités dans la ligue ; leur nombre s'augmenta. Enfin quatre-vingts villes se réunirent et achetèrent le droit de se gouverner elles-mêmes. Ainsi se forma la *Ligue hanséatique.* Cette association échangeait avec les républiques d'Italie les munitions navales et les autres marchandises du nord contre les productions de l'Asie, de l'Italie elle-même et des autres États du midi.

La Flandre était le lieu où se faisait la plus grande partie des échanges ; ce pays possédait de nombreuses manufactures de draps et de tapisseries, dont les dessins prouvent qu'on ignorait encore la perspective. Un commerce si prospère rendit florissants les Pays-Bas, et bientôt la population y augmenta dans le même rapport que la richesse publique.

Voyant combien la liberté pouvait aider les peuples à s'enrichir, et indignés d'ailleurs de l'insolence des comtes et des barons, qui s'arrogeaient toute l'autorité, quelques rois résolurent d'affranchir les villes. L'abbé Suger suggéra à Louis le Gros l'idée de prendre des mesures propres à délivrer la royauté de cette espèce de tutelle sous laquelle elle se traînait presque impuissante. Le résultat des délibérations du monarque et de son ministre fut l'affranchissement de la roture et l'établissement du tiers état. Cette création était un contre-poids à l'indépendance des grands vassaux de la couronne, et une force qui, toujours dévouée et fidèle, devait résister à leurs volontés arbitraires.

Dès que les bourgeois furent devenus citoyens, dès que le tiers état fut admis aux assemblées nationales, on vit se former de nombreuses associations qui acquirent, par le commerce, du crédit et des richesses.

Les beaux jours de l'Italie commençaient à renaître. Les factions des guelfes et des gibelins se calmaient : Pise, Gênes et Florence avaient adopté des lois sages, qui, tout en faisant fleurir le commerce, devaient rappeler les arts et les lettres dans leur sein. Venise, déjà puissante, combattait avec avantage les Turcs sur les mers ; son commerce était plus considérable que celui de toute l'Europe ; elle possédait des trésors immenses et une grande population.

Le gouvernement avait su intéresser les riches au maintien de la fortune publique en leur empruntant de grosses sommes qu'ils auraient perdues si quelques malheurs étaient venus fondre sur la république. En même temps qu'elle entretenait de nombreuses flottes pour son compte, Venise vendait des vaisseaux aux autres peuples ; l'or et l'argent abondaient dans ses murs, et son orfévrerie était la plus estimée, et pour ainsi dire la seule de tout l'Occident. A la différence des autres nations, qui presque toutes étaient barbares, il y avait de la grandeur et du goût dans son opulence, on voyait chez elle des manufactures où l'on travaillait l'or, l'argent et la soie.

En 1030, Roger, roi de Sicile, avait fait venir de la Grèce des ouvriers pour enseigner la manière d'élever des vers à soie, de recueillir, de fabriquer leur produit, et d'en faire des étoffes.

En 1170, Thèbes passait pour la plus habile dans l'art de teindre en pourpre, et celui de fabriquer la soie ; ce furent principalement de la Grèce et de Palerme que les Vénitiens firent aussi venir les ouvriers qui leur apprirent à travailler la soie ainsi qu'à élever les vers qui la produisent. On croit que Venise fut la première ville en Europe qui fabriqua le verre, et que, seule pendant longtemps, elle eut le secret des miroirs arabes en cristal. Cette industrie ne tarda pas à se perfectionner.

L'emploi de l'oxyde de plomb dans la fabrication du verre est, suivant toutes les apparences, fort ancien ; l'analyse a démontré sa présence dans un miroir qu'on dit avoir appartenu à Virgile. La fabrication du verre était connue en France dans le viie siècle. Le procédé ne fut introduit en Angleterre que le siècle suivant. Dans le xiie siècle ce pays fabriquait des étoffes de laine, et

3

d'anciennes chartes prouvent que, longtemps auparavant, des religieux y avaient exercé les métiers de tanneur, de cordonnier et de tisserand.

Vers le milieu du xiie siècle, Arras fabriquait des tapisseries fort estimées par la perfection des dessins, et cette ville fit présent de plusieurs pièces à des rois de France : on parle surtout d'une pièce superbe, sur laquelle était représentée l'histoire d'Alexandre. L'usage du lin était également connu, puisqu'Isabeau, femme de Charles VI, roi de France, fut accusée d'aimer le luxe, parce qu'elle possédait deux chemises fines, faites de cette toile. A cette époque, et même longtemps après, on offrait aux empereurs et aux rois, comme objets rares et très précieux, des serviettes fines, fabriquées à Reims.

Les procédés pour d'autres fabrications avaient aussi fait des progrès. Dès le xiie siècle, on commençait à connaître, dans les Pays-Bas, la préparation de la fonte, ignorée des anciens ; ce métal fut d'abord employé à des usages domestiques. En 1410, on faisait beaucoup de poëles de fonte en Alsace. Dans le xiiie siècle, le fer était regardé comme si précieux en Angleterre que l'exportation en était défendue. Dans la suite, l'airain, le cuivre, etc., furent sujets à la même défense.

Les arts mécaniques s'étaient également avancés dans la voie du progrès. L'horlogerie s'était perfectionnée. Dès le ixe siècle, les Italiens avaient imité les horloges envoyées en France par le pape Paul Ier. Les Japonais avaient des horloges à poids très compliquées, avec des cadrans et des tambours pour annoncer les heures. Les Chinois n'avaient pas encore d'horloges à sonnerie. En 1345, on vit, sur la tour de Padoue, une horloge qui marquait, outre les heures, la marche du soleil suivant les signes du zodiaque, et celle des planètes. La première horloge fabriquée à Bologne fut placée, en 1356, sur la tour de cette ville ; il y en eut une à Londres en 1368 ; en France et en Allemagne, en 1370 ; à Moscou, en 1404, et à Venise, en 1497.

L'*alchimie* avait été introduite en Europe vers le milieu du xie siècle. En 1300, on connaissait la distillation des liqueurs spiritueuses et la fabrication de l'esprit de vin.

Pendant que les arts, en naissant ou en se perfectionnant, fournissaient tous les jours de nouveaux aliments à l'industrie, les *lettres de change*, admises dans le commerce, venaient faciliter les transactions et permettre aux négociants de multiplier leurs capitaux en les changeant de place, selon que l'exigeaient leurs opérations, et en introduisant le crédit dans les échanges. On attribuait les lettres de change aux Juifs, chassés de France sous Philippe-Auguste ; toutefois, nous remarquerons que, en 1161, des négociants de Pise avaient tiré des lettres de change sur Messine et sur Constantinople, ce qui prouve qu'à cette époque, où la marine marchande était très faible en France, où les communications de ce pays avec les autres États de l'Europe étaient très peu fréquentes, la lettre de change devait nécessairement exister en Italie, dont le commerce était si étendu et si actif, et dont la marine marchande fréquentait sans cesse les côtes de l'Orient et de l'Occident.

En 1253, le roi d'Angleterre autorisa des négociants

italiens, qui lui avaient fait des avances considérables, à se rembourser au moyen d'effets payables par les principaux bénéficiers du royaume ; on cite encore d'autres lettres de change de 1328. Il parut, en 1394, un règlement, ordonnant aux négociants de Barcelone de payer ces sortes d'effets dans les vingt-quatre heures de leur présentation. En 1404, on protestait, faute de payement. Le premier acte où les lettres de change soient mentionnées en France est un édit de Louis XI, datant de 1462.

Tels étaient les progrès des arts, lorsque l'Italie, au XVe siècle, ouvrit la voie de la civilisation aux peuples de l'Europe; les Maures venaient d'être chassés de l'Espagne; cette nation, réunie à l'Italie, égalait sa puissance à celle de la France.

Les laines de Castille et de Léon étaient travaillées à Ségovie, et les draps espagnols étaient recherchés dans toute l'Europe, même en Asie; mais l'orgueil naturel aux Espagnols, qui de tout temps ont cru valoir mieux que les autres nations, les empêcha de se livrer, comme les Maures, au commerce, qui les eût dégradés à leurs propres yeux.

Les Maures transportèrent donc en Italie cette branche d'industrie.

Le Portugal avait subi à peu près les mêmes phases que l'Espagne. En France, les mœurs étaient plus grossières, car elles n'avaient pas eu, comme l'Espagne, à hériter en quelque sorte de la civilisation d'un peuple vaincu. On sait que chez les Maures de la Péninsule, la civilisation s'était portée à un assez haut degré. Le luxe des seigneurs français consistait dans une nombreuse suite de valets, et ils ne connaissaient d'autres délassements que la bonne chère.

Les Flamands mettaient alors en œuvre les laines d'Angleterre; les laines, le plomb de cette puissance étaient transportés sur les vaisseaux des villes hanséatiques; elle n'avait encore ni marine, ni police, ni luxe, ni beaux-arts.

Jusqu'à cette époque, l'Allemagne était restée étrangère au commerce et à l'industrie; elle ne connaissait que l'agriculture, qui y était fort peu avancée. Les mines du Hanovre et de la Saxe n'avaient point été découvertes; l'argent était rare, et si le cultivateur faisait quelques bénéfices, c'était par la vente des chevaux que lui achetaient les étrangers. La table et l'équipage, voilà en quoi consistait le luxe des nobles de l'Allemagne, dont les mœurs étaient même plus féroces que celles des seigneurs français. Comme ces derniers ils volaient sur les grandes routes.

Le nord était encore moins avancé que l'Allemagne. Une seule ville hanséatique imposait aux trois couronnes de Suède, de Norwége et de Danemark.

Les Turcs n'avaient ni la connaissance du commerce, ni le goût des arts. Lorsqu'ils s'emparèrent de Constantinople, ces deux branches de la prospérité des nations en disparurent, et se réfugièrent en Italie; des marchands et des artisans les y suivirent.

Les Grecs apportèrent aux Romains une connaissance plus exacte des modèles de l'antiquité.

L'imprimerie avait été inventée: Jean Guttemberg retrouva ce procédé dans le commencement du xve siècle. Il est certain, en effet, que l'imprimerie était connue en Chine, dans l'Inde et au Japon de temps immémorial. Ces peuples avaient appris l'imprimerie des *Scours*, nation de la Tartarie où florissaient les arts et les sciences avant la conquête de Gengis-Khan. L'encre pour imprimer est mentionnée dans une maxime d'un empereur chinois qui vivait deux cents ans avant notre ère. Au IIIe siècle, on se servait, en Chine, de caractères en bois mobiles; le même genre d'imprimerie était en usage au Thibet.

Les Romains apprenaient à lire aux enfants avec des caractères d'ivoire mobiles.

En 1424, Jean Guttemberg essaya d'imprimer avec des caractères sculptés; en 1445, il établit des presses à Mayence. Pierre Schœffer, devenu associé de Guttemberg, perfectionna les procédés en 1449 · il fit fondre les caractères en 1458. Charles VII, roi de France, envoya à Mayence Nicolas Jenson, homme fort intelligent, pour s'instruire dans l'art d'imprimer; mais, au lieu de revenir dans sa patrie, Jenson, en 1469, passa à Venise, où il enseigna l'imprimerie. Jean de la Pierre et Guillaume Fichet, dans la même année, firent venir à Paris les typographes allemands Gering, Krantz et Freyburger, qui imprimèrent un grand nombre d'ouvrages.

Les imprimeries s'étaient multipliées en Europe avec une étonnante rapidité. En 1466, Jean Mételin en établit une à Strasbourg. Lyon en eut une aussi en 1478. L'Italie en avait plusieurs en 1465; et, dans l'espace de sept années, on avait publié à Rome 12,475 volumes.

Les procédés typographiques furent mis en usage à Maroc, et même à Constantinople, où, malgré une ordonnance de Bajazet II, condamnant à mort ceux qui liraient des livres imprimés, l'on vit s'élever plusieurs imprimeries.

Vers le milieu du xive siècle, le moine allemand *Schwartz* découvrit la manière de fabriquer la *poudre à canon*, et la *boussole*, qui déjà existait en Chine.

Quoique les propriétés de la boussole fussent connues en France et à Venise dès 1260, on s'y servait encore de la *marinette* pour la navigation.

Nous avons dit que les vaisseaux de guerre de cette époque n'étaient que de longues barques ; les Sarrasins, les premiers, construisirent des bâtiments d'une plus grande dimension. Il fallait que ces longues barques ne fussent pas d'une dépense bien considérable, puisqu'en 1066 les forces navales de la France s'élevaient à 880 vaisseaux ; en 1202, sous Philippe-Auguste, à 1,250 voiles, et en 1356, à 1,359 navires. La flotte employée en 1547 au blocus de Calais par l'Angleterre était composée de 738 vaisseaux.

Après cette dernière époque, on vit se perfectionner avec une habileté étonnante la construction des bâtiments de guerre : on ne se servit plus de navires marchands, ni de longues barques, comme dans l'enfance de l'art, pour marcher au combat ; on fit de véritables citadelles contenant des armées. Ainsi, en descendant à 1686, on voit l'armée navale de France, sous le commandement de M. de Tourville, composée de 63 vaisseaux de ligne, 7 frégates, 36 flûtes et 14 barques longues, et, suivant l'abbé d'Expilli, de 98 vaisseaux de ligne, armés de 5,243 pièces de canon et montés par 33,855 hommes.

Dans le xve siècle, la construction plus parfaite des

navires permit de donner à la pêche du poisson de passage une plus grande importance. Cette industrie prit un essor rapide et elle mit en mer des flottes plus considérables que celles qui avaient décidé du sort de la Grèce et de l'empire romain à Salamine et à Actium.

La pêche avait été abandonnée dans les Gaules après la chute de l'empire romain. Les premiers chez lesquels elle reparut furent les habitants des rivages de la mer du Nord et de la Baltique. Ce fut à la pêche surtout qu'on fut redevable de marins habiles et intrépides. L'application de la boussole devait amener plus tard des résultats immenses.

En 1302, Halley et van Schwinden constatèrent la déclinaison de l'aiguille aimantée ; mais Henri, fils de Jean Ier, roi de Portugal, comprit le premier l'utilité qu'on pouvait tirer de ces découvertes pour la navigation. Ce prince mit à profit l'astronomie des Arabes et les observations géographiques qu'on avait faites depuis les croisades. Il établit un observatoire à Sagres, et il eut une grande part à l'invention de l'astrolabe ; il mit tous ses soins à former de bons pilotes. Ceux qu'il avait fait instruire sous ses yeux découvrirent Madère en 1448 ; deux ans après, un de ses vaisseaux reconnut les Canaries, doubla le cap de Sierra-Leone et remonta par le Zaïre dans l'intérieur de l'Afrique, jusqu'à Congo.

Le commerce des Portugais dans ce pays fut d'autant plus avantageux que les habitants de ces contrées ignoraient le prix de leurs richesses. Jean II fit faire une nouvelle application de l'astronomie à la marine ; sous son règne on doubla le cap des Tempêtes, à l'extrémité de la pointe d'Afrique ; prévoyant ensuite que de là on irait aux Indes orientales, il fit changer le nom de ce cap en celui de *Bonne-Espérance*. Ces découvertes en amenèrent de plus grandes encore.

Le commerce s'étendit dans le midi par les relations fréquentes des croisés avec l'empire grec et les îles de l'Asie-Mineure, et au nord par l'union des villes de la Grande-Hanse. Des manufactures s'établirent en grand nombre dans l'Italie, en Espagne, dans les Pays-Bas et en France. Venise, les villes hanséantiques et les républiques d'Italie eurent une marine florissante. L'imprimerie continuait ses progrès, tandis que la boussole et la poudre à canon allaient mettre les Indes orientales et le nouveau monde sous la dépendance de l'Europe.

Bientôt on voit s'ouvrir une scène nouvelle et plus vaste. Pendant que les arts et les sciences enlèvent peu à peu à l'Europe le voile qui, depuis plusieurs siècles, obscurcissait ses regards et la tenait plongée dans la barbarie, quelques hommes, guidés par les premiers rayons d'une lumière encore incertaine, éclairés surtout par les inspirations de leur génie, pénètrent dans des mers inconnues, où ils trouvent des terres nouvelles, des arts nouveaux. Le monde va grandir sous leurs pas ; leur heureuse audace ouvre de toutes parts des routes à l'industrie.

Plus avancé que son siècle, Christophe Colomb sentait, comme par instinct, qu'il devait exister un autre continent ; les antipodes, que la raison même traitait de chimères, étaient aux yeux de ce grand homme une vérité incontestable. Plein de cette idée, il proposa à Gênes, sa patrie, de lui confier des vaisseaux pour aller à la découverte d'un nouveau monde. Méprisé par cette république, repoussé par le Portugal, il obtint de Ferdinand et d'Isabelle, qui régnaient sur l'Espagne, trois petits vaisseaux et quatre-vingt-dix hommes d'équipage. Il mit à la voile le 3 août 1492 et se dirigea d'abord vers les Canaries; il cingla ensuite vers l'ouest et, après mille dangers, il vint aborder aux Lucayes, qui font partie du continent américain; il reconnut, non loin de la côte, plusieurs îles fort peu importantes et jeta les fondements de son premier établissement à Saint-Domingue, où il croyait que devaient se trouver des mines d'or fort abondantes. Après y avoir construit un fort, il mit à la voile pour l'Espagne, où il aborda. Son voyage avait duré sept mois.

Le retour de Christophe Colomb excita l'admiration; il enflamma aussi la cupidité et la jalousie; en butte aux calomnies des particuliers, il eut encore à supporter les caprices d'une cour fière et envieuse d'un homme auquel elle devait la plus importante découverte qui eût étonné le monde; on suscita à ce grand homme toutes sortes d'obstacles pour l'empêcher de fonder les colonies qu'il voulait établir dans le nouveau continent; il fut réduit à proposer lui-même d'y conduire les hommes détenus dans les prisons. A ces hommes se joignirent des aventuriers qui, n'ayant rien à perdre, avaient tout à gagner dans une entreprise, quelque dangereuse qu'elle pût être.

Tels furent les premiers colons auxquels l'Amérique dut tous les malheurs qu'elle eut à souffrir par la suite, et l'Espagne le prompt dépérissement de richesses qui auraient été inépuisables si, au lieu d'égorger les nombreuses populations du nouveau monde, on avait su les employer utilement, si on avait su estimer à leur juste valeur des terres fertiles, encore vierges et où s'acclimataient toutes les productions de l'ancien monde.

Quelques aventuriers espagnols avaient formé des établissements moins considérables que celui de Saint-Domingue, à la Jamaïque, à Porto-Rico, à Cuba, lorsque des navigateurs découvrirent le Mexique. La conquête de cette vaste et opulente région fut aussitôt arrêtée, et Cortez l'exécuta au milieu des plus grands dangers, d'où son courage le fit sortir vainqueur.

Le Pérou, le Chili et la Californie passèrent successivement sous le joug des Espagnols, qui portèrent partout la dévastation et la mort. C'était la soif de l'or qui les avait poussés, et tel est pour les hommes l'attrait de ce funeste métal qu'il a balancé l'infamie et l'exécration que méritaient les dévastateurs de l'Amérique.

Pendant que l'Espagne était occupée à étendre sa domination sur le nouveau continent, le Portugal marchait à des découvertes non moins importantes. En Orient, les Açores et les Canaries avaient été reconnues par des navigateurs espagnols, lorsque Emmanuel, dit le Grand, équipa une flotte destinée à doubler le cap de Bonne-Espérance et à s'ouvrir une route vers l'Asie. Le commandement de l'expédition fut confié à Vasco de Gama, qui le premier franchit la pointe orientale d'Afrique et fit paraître ses pavillons sur des mers à travers lesquelles les Portugais avaient tant désiré se frayer des chemins. Après avoir reconnu plus de quinze cents lieues de côtes, cet habile navigateur aborda à Calicut, dont le port était devenu le centre du commerce de tout l'Orient, et il ne quitta ces contrées qu'après avoir fait un traité d'alliance et de commerce avec le Samorin.

Cette expédition mérite d'autant plus d'être signalée qu'en trouvant le passage du cap de Bonne-Espérance, elle ouvrit, dans l'Orient, à la navigation, une carrière non moins vaste que celle ouverte récemment dans l'Occident par la découverte de l'Amérique; elle multiplia en Europe les productions de l'Asie, et, en même temps, elle changea la voie par où s'écoulaient les richesses de ce pays, dont l'entrepôt général était à Alexandrie depuis plusieurs siècles. Les Vénitiens seuls, au préjudice de toutes les nations commerçantes, allaient charger, sur cette place, tout ce qu'elle fournissait à la consommation de l'Europe.

Après la découverte du passage pour les Indes-Orientales, l'importance de ce commerce diminua rapidement, ainsi que la fortune des marchands vénitiens. Les navires portugais allèrent chercher dans les ports mêmes de l'Inde, de la Chine et de la Perse, tout ce que ces contrées produisaient pour le luxe ou pour les besoins de l'Europe.

La deuxième flotte, envoyée dans l'Inde par Emmanuel, était sous le commandement de Cabral. Pour éviter la côte d'Afrique, ce capitaine prit tellement au large que, battu par la tempête, il fut forcé de dériver vers l'Occident. Bientôt, à sa grande surprise, il aperçut une terre inconnue; c'était le Brésil; il trouva le pays fertile, couvert de belles forêts, arrosé de grandes rivières, et peuplé d'hommes et d'animaux; il en prit possession, et mit ensuite à la voile pour se rendre au lieu de sa destination.

L'escadre de Cabral n'eut qu'à se montrer dans l'Inde pour y donner des lois. Les souverains dont les Portugais avaient brigué l'alliance lors de leur premier voyage, venaient se reconnaître d'eux-mêmes vassaux du roi de Portugal. Les grands intérêts qui s'agitaient dans ce pays firent presque oublier les avantages que pouvait procurer la découverte du Brésil.

Sur ces entrefaites, Améric Vespuce, qui avait fait, au service de la cour de Madrid, deux voyages aux Grandes-Indes, et qui, à son retour, n'avait reçu qu'un froid accueil de Ferdinand et d'Isabelle, s'était rendu auprès d'Emmanuel ; ce prince l'envoya, avec trois vaisseaux, reconnaître le Brésil, mais ses rapports ne furent pas conformes à ceux de Cabral. Emmanuel adjoignit Coelho à Vespuce dans un second voyage qu'il ordonna pour le Brésil ; cette fois, les renseignements flattèrent davantage l'ambition du prince.

Le débit lucratif du bois de Brésil qu'avaient apporté les deux expéditions fit venir à plusieurs marchands l'idée d'envoyer des navires dans ces nouvelles contrées. Ces expéditions particulières se multiplièrent, et l'on trouva facilement un grand nombre d'aventuriers qui allèrent volontairement s'établir dans un pays délicieux, où l'on pouvait jouir d'une indépendance complète. Ces premiers colons ne furent pas les seuls : le gouvernement portugais, imitant le système employé déjà par la cour d'Espagne pour coloniser l'Amérique, transporta au Brésil des cargaisons de malfaiteurs, qui, par leurs mauvais traitements et leurs brigandages, devaient irriter les naturels, dont la plupart s'étaient montrés bons et hospitaliers.

Telles furent les principales découvertes qui signalèrent la fin du xve et le commencement du xvie siècle, et qui exercèrent une si grande influence sur les progrès des sciences et de l'industrie. Le Japon, l'Inde et la Chine allaient enfin se produire à nos yeux, les arts connus chez ces peuples se perfectionner en passant par nos mains, et les produits de leurs contrées donner une vie nouvelle à nos ateliers et à nos manufactures.

Il se développait, en même temps, une industrie qui devait puissamment contribuer à la richesse des empires. La pêche des poissons de passage avait acquis une importance inconcevable. Dans le cours du xvie siècle, il sortait des flottes de 50 et 60 voiles des ports de la Biscaye pour aller à la pêche de la baleine sur les côtes du Groenland. Informés des avantages de ces expéditions, les Hollandais s'empressèrent d'en faire de semblables.

Les résultats de ces pêches fixèrent l'attention des Anglais, et ils envoyèrent aussi des navires dans le Groenland. Le relevé de la pêche dans le Nord, depuis l'année 1669 jusqu'à l'année 1778, constate la prise de 57,889 baleines sur les côtes du Groenland, et de 7,586 depuis 1719 jusqu'en 1728 dans le détroit de Davis. La pêche de la baleine attira également l'attention du czar Pierre en 1719, mais les ordres qu'il donna pour l'encourager ne furent exécutés qu'après sa mort.

Ce fut le Français *Soupète* qui découvrit le moyen de fondre les graisses de la baleine à bord des bâtiments. On se sert, à cet effet, de grandes chaudières de cuivre rouge ou de fer fondu, de 50 à 57 pieds de diamètre; on y jette le lard, et on en retire l'huile, trois heures après, avec des cuillères de cuivre.

On poursuit la baleine dans les mers du Groenland, au détroit de Davis, dans les eaux du Canada, dans celles de Terre-Neuve, dans les mers du Mexique, sur les côtes du Kamtschatka, dans les mers du Japon, auprès des îles de Sainte-Hélène, de Madagascar, de Ceylan, vers le détroit de Magellan, sur les côtes du Chili, du Pérou et du Brésil ; les baleines noires affluent, dans toutes les saisons, sur les côtes méridionales de la Nouvelle-Hollande.

La pêche du hareng ne fut pas un objet moins important que la pêche de la baleine. Tout porte à croire qu'elle commença chez les peuples du Nord ; elle prit, surtout vers la fin du Xe siècle, un grand accroissement ; elle devint, chez les Danois, la source d'une opulence et d'un luxe jusqu'alors inconnus aux peuples du Nord.

Les villes hanséatiques envoyèrent des navires dans les principales pêcheries, et bientôt, plaçant les Danois sous leur dépendance, elles s'attribuèrent la plus grande partie des profits provenant de cette pêche. De là, les guerres si fréquentes entre ces villes et le Danemark.

L'époque la plus reculée de la pêche du hareng sur les côtes de France peut être fixée à l'année 1030. Dieppe eut longtemps une grande réputation pour la supériorité de ses salaisons ; ses marins les exportaient dans beaucoup de ports de la Méditerranée, d'où ils apportaient en échange une foule d'articles, tels que des épiceries et des drogueries du Levant, de la cire et de l'huile.

Les pêches réglées du hareng en Hollande ne remontent pas au delà du xiie siècle ; ses marins les étendirent en peu de temps, sur les côtes de France, de Norwége d'Angleterre et d'Écosse. La seule ville d'Esiczaisen employait 140 bâtiments en l'année 1553 ; et, en 1697 cette puissance occupait plus de 1,000 navires de 20 à 30 tonneaux de charge pour cette pêche. Un état authentique, dressé en l'année 1610, apprend que les Hollandais envoyèrent, sur les côtes d'Angleterre, 3,000 bâtiments et 30,000 hommes, et qu'ils avaient, en outre 9,000 bateaux avec 150,000 hommes pour aller et venir pour porter les munitions aux pêcheurs, pour débiter les poissons pris et faire les retours.

Les premières pêches du hareng en Irlande n'eurent lieu qu'au xvie siècle ; celles d'Écosse sont plus anciennes et mieux connues ; elles furent souvent cause de démêlés entre les Anglais et les Hollandais. Ces derniers durent leurs succès à des moyens de pêche plus économiques et à une meilleure préparation des produits. Ce fut Benckelson qui, vers la fin du xve siècle, perfectionna l'art d'*encaquer* le hareng.

Vers le même temps, les Suédois se livrèrent aussi à la pêche du hareng, et c'est également à cette époque qu'on imagina, ou que l'on retrouva le moyen d'extraire l'huile de ce poisson. Il faut 11 à 1,200 harengs pour rendre un baril d'huile ; le résidu de cette opération sert à la préparation de l'alcali-volatil et du sel ammoniac. Les Japonais tirent des îles Kouriles des cargaisons de harengs pourris pour fumer leurs plantations cotonnières. La matière huileuse, propre à l'entretien des lampes, s'extrait d'abord dans de grandes chaudières de fer, puis on étend le résidu de l'opération sur des nattes, et c'est après qu'il est séché et entièrement décomposé au soleil que les naturels des Kouriles le livrent dans des sacs à leurs industrieux voisins.

On évalue à 400 millions le nombre des harengs pris annuellement dans les mers de Norwége, et à 300 millions la pêche des Hollandais dans le même temps ; on en pêche une quantité à peu près égale dans les mers d'Irlande et d'Écosse. Un autre poisson, peu différent du hareng, est commun dans les mois de juin et de juillet sur les côtes de Guinée ; on prend dans les mers du midi de la France, dans celles de l'Espagne, du Portugal, sur les rivages du Holstein et de la Livonie, un hareng de petite espèce, connu sous le nom de *sardine*. Cependant, la sardine du golfe de Gascogne se rapproche beaucoup plus de la grosseur du hareng que les autres. Ce poisson est si abondant sur les côtes du Portugal que les habitants l'emploient à l'engrais des porcs.

La pêche de la morue était aussi un objet très important depuis des temps fort reculés ; tous les habitants des côtes de la Norwége se réunissaient, à la fin de l'hiver, dans le Hoffden, espèce de mer intérieure dans laquelle les morues se trouvent en grande abondance. Cette pêcherie occupe 15,000 hommes et donne des produits considérables.

Après la découverte du banc de Terre-Neuve, des négociants français essayèrent les premiers de pêcher la morue dans ces parages, mais ils ne réussirent pas. Le foie de la morue donne une huile plus estimée que celle de la baleine ; il est, ainsi que la langue, un mets fort délicat.

VIII

Cependant la découverte de l'Inde fournissait des matériaux immenses que l'industrie devait mettre en valeur. En arrivant dans ce pays, les Européens avaient trouvé des manufactures de toile de coton, établies de temps immémorial. Hérodote est le premier qui, chez les anciens, ait parlé de ce produit. Virgile a cru qu'il provenait d'un duvet, déposé par les oiseaux sur les feuilles de certains arbres dans le pays des Sères; Pline parle du cotonnier comme d'un arbrisseau qu'on cultivait dans la Haute-Égypte; il résulte de ces différentes versions que les Grecs et les Romains ne connurent le coton que bien imparfaitement.

On sait pourtant que Ptolémée Épiphane soumit à un impôt les étoffes qui en étaient tissues. Cinq cents ans avant Jésus-Christ, un empereur de la Chine portait une robe de coton en public. Les Tartares, maîtres de cette contrée, comprirent toute l'utilité dont pouvait être l'arbre qui le produit, et en encouragèrent la culture.

Les Japonais emploient à une foule d'usages les toiles provenant du coton; ils en tapissent les murailles des forteresses, ils en couvrent les fourreaux des armes, les manteaux de voyage, etc.; on trouve souvent des momies égyptiennes entourées de bandelettes de toile de coton.

En 1592, les Espagnols établirent au Mexique une manufacture où l'on mettait en œuvre le produit du cotonnier. Déjà, en 1580, des ouvriers venus du Piémont avaient fabriqué du basin à Lyon. Marseille et la Flandre eurent aussi, à cette époque, des fabriques de ces toiles, dont une grande partie était exportée en Espagne et en Portugal. En 1670, on connut la mousseline des Indes, mais il devait s'écouler encore un assez grand nombre d'années avant que l'on sût imiter en Europe les procédés employés en Asie pour cette fabrication.

Tous les arts semblaient alors rivaliser d'efforts dans la voie du progrès. Celui de faire du papier, que l'invention de l'imprimerie rendait plus nécessaire, y faisait de grands pas; pour en fabriquer, on s'était servi, d'abord au Thibet, de l'écorce d'un arbre dont la substance intérieure ressemble à de l'étoupe; dans la suite, les Japonais en firent avec l'écorce du mûrier; ils employèrent, pour le même usage, le chanvre, le bambou, la paille de riz, le coton et la soie. Dans l'Inde, l'usage du papier est bien moins connu et beaucoup plus récent qu'au Japon. Les manuscrits des brahmes, envoyés il y a quarante à cinquante ans en Angleterre, sont écrits sur des feuilles de plantes indiennes. Les Romains fesaient usage du papier venant d'Égypte. Les manuscrits découverts à Herculanum sont écrits sur des feuilles simples et non doublées.

Lorsque les Européens arrivèrent au Mexique, ils virent qu'on y employait comme papier des feuilles de certaines espèces d'aloès, que l'on avait d'abord réunies ensemble, puis lavées, étendues et polies : l'écorce du palmier et de quelques autres arbres y servaient aussi au même usage.

Le papier a été employé pendant longtemps en Perse.

Des écrivains orientaux prétendent que les Arabes apprirent des Tartares l'art de fabriquer le papier de coton. Le papier fabriqué en Boukharie avec l'écorce du mûrier est toujours très-estimé dans l'Orient. Une autre sorte de papier que l'on envoie d'Astérabad à la cour de Perse sert encore aujourd'hui aux monarques persans pour écrire leurs lettres ordinaires.

Dès le XIe siècle, les Arabes montèrent une papeterie importante à Septa, aujourd'hui Ceuta; ils en élevèrent également plusieurs à Valence et à Tolède. Le papier de coton fut introduit à Tolède vers la même époque; on voit plusieurs manuscrits à la Bibliothèque de Paris, mais sans date, écrits sur du papier de coton. Une lettre adressée, vers l'année 1315, à Louis le Hutin, est écrite, dit-on, sur du papier de lin: l'acte d'accusation, dressé contre les Templiers, est écrit sur un papier semblable. L'Espagne et la France eurent des papeteries avant l'Allemagne; la première manufacture fut établie dans ce pays vers l'année 1318; Nuremberg en avait déjà une en 1310; Bâle en eut également une en 1470; le comté de Kent en 1388, et la Suède en 1523.

En 1658, on portait à plus de deux millions de livres tournois les papiers fabriqués en Poitou, dans le Limousin et la Normandie; il s'en faisait de grandes exportations en Angleterre et en Hollande. Quelques années plus tard, sous le règne de Henri IV, un habitant de Nîmes obtint une pension pour avoir fait des plantations de mûriers dans le Languedoc ; cette industrie s'étendit peu à peu dans le midi de la France.

En 1667, Colbert établit la manufacture des Gobelins, qui devait faire faire les plus grands progrès à la fabrication des tapisseries. Le bâtiment avait été construit pour la famille des Gobelins : l'un d'eux, Jean, perfectionna la teinture de l'écarlate sous François Ier, et exécuta, dans cet établissement, les premières tapisseries de haute et de basse lice. En 1619, les Anglais avaient des manufactures de haute lice. Beauvais en possédait une en 1664 ; Pierre Ier éleva un établissement semblable à Pétersbourg. A Turin, on chercha à imiter les Gobelins ; on y fabriqua, en 1773, une pièce fort belle, représentant l'histoire d'Annibal.

La manufacture de tapis, installée d'abord au Louvre, transportée ensuite à la savonnerie de Chaillot en 1663, donna des résultats d'un haut degré de perfection. Dans le même temps, les procédés pour la fabrication des draps de laine se perfectionnaient en France, où, en 1697, cette industrie était déjà florissante. Elle occupait dans Elbeuf et ses environs plus de huit mille ouvriers. Louviers en employait 1,900, et Rouen comptait 125 métiers de draps, 5 de ratines, 50 d'espagnolettes, 60 de bouracan et 200 de tapisserie, dite *porte de Paris ;* Sedan avait aussi 5 ou 600 métiers ; en 1688, enfin, on avait établi aux Gobelins une fabrication de draps blancs, destinés à être teints en bleu et en écarlate.

Les pelleteries étaient aussi devenues l'objet d'un commerce considérable. En 1514, François Ier envoya Cartier pour faire des découvertes et acheter des fourrures. Dans le Canada, sur la côte d'Amérique, les colons de Québec se livrèrent, par la suite, à ce commerce dont la peau de castor était le principal article; il s'y établit même une compagnie anglaise pour l'exploiter.

La chasse produisait ordinairement 16,000 peaux de castors, 2,200 d'ours, 1,500 de renards, 4,000 de renardeaux, 4,600 de loutres, 1,100 de rats musquets, 3,200 de martres, 1,800 d'hermines, 500 de buffles, 6,000 de lynx, 3,800 de loups, 700 d'élans, 750 de daims, etc.

Les découvertes de Pierre Ier, de Catherine et d'Élisabeth dans le Nord, donnèrent encore plus d'importance à ce commerce qui fournissait les principaux objets d'échange que les Russes livraient aux Chinois. Les czars reçoivent de plusieurs de leurs peuples des fourrures pour impôt. Cette nation a quelquefois expédié des navires pour la traite des fourrures. Le premier qui était destiné pour les îles Aléoutes ou Aléoutiennes s'arrêta dans la mer de Behring; une autre expédition, qui s'arrêta plus tard au même lieu, découvrit deux îles; quelques années après, on en découvrit une troisième, l'archipel des Aléoutiennes dont les indigènes sont d'origine tatare. Les Russes retirèrent beaucoup de fourrures provenant d'animaux marins.

Dans le dernier siècle, les Anglo-Américains ont introduit en Europe 17,000 peaux de loutres, achetées sur la côte nord-ouest d'Amérique.

Le Chili fournit aussi des fourrures fort estimées, entre autres celle du chinchilla. Cet animal est couvert d'une laine assez longue pour être filée. Les anciens Péruviens s'en servaient pour fabriquer des étoffes qu'on recherchait. Le lama qui, au Pérou, sert de monture comme le mouton au Thibet, est couvert aussi d'une toison dont on fabrique de grosses étoffes; cette laine, ainsi que celle de troupeaux nourris au pied des Cordillères, fut d'abord négligée par les conquérants de l'Amérique, qui sentirent enfin tout le parti qu'on en pouvait tirer.

Les laines d'Espagne sont toujours les plus estimées de l'Europe, mais la mauvaise administration du pays est cause de leur rareté dans le commerce. La Tartarie, la Crimée et plusieurs provinces de la Russie et de l'Autriche, fournissent une grande quantité de ce produit; on voit des Tartares, assure-t-on, posséder jusqu'à 50,000 moutons.

Tandis que la fabrique des tapisseries et des draps progressait, celle des étoffes de soie ne se perfectionnait pas moins. Au milieu du XVIe siècle, on en fabriquait déjà de trois sortes, savoir : le *ras*, parce que la surface n'offrait point de poils; le *damas*, parce que la première fabrique de ce genre fut établie à Damas; et le *velours*, parce que cette étoffe est velue d'un côté. La première paire de bas de soie tricotée fut portée en Angleterre en 1559 ; mais avant cette époque ils étaient en usage en France. La première fabrique de soie créée fut établie en Angleterre en 1621.

Malgré le perfectionnement des procédés pour la fabrication de la soie, et quoique la culture du précieux insecte se fût étendue dans presque toutes les contrées où la température lui permet de s'acclimater, les produits obtenus étaient cependant loin de suffire à l'Europe, dont les besoins augmentaient tous les jours; il en était de même pour la plupart des branches de l'industrie, et cependant il s'élevait un autre monde, l'Amérique, qui venait demander son partage dans le tribut que les arts et les sciences n'avaient apporté, jusque-là, que pour l'ancien continent ; il offrait, en échange, l'or et l'argent destinés à faciliter toutes les transactions commerciales, des métaux inconnus avant sa découverte, des productions nouvelles qui devaient fournir un plus grand aliment à l'industrie, et des moyens pour terminer ou confectionner celles qu'on trouvait dans l'Asie et même dans l'Europe.

C'est dans l'Inde et dans la Chine surtout que les Européens ont trouvé le plus de ces plantes fortement aromatiques qui, presque toujours, flattent le goût et sont devenues d'un usage général. Le *thé* fut exporté en Hollande en 1610, et de là chez toutes les autres nations. En 1715, on en importa une si grande quantité en Angleterre qu'il baissa beaucoup de prix, et que les plus pauvres purent en consommer. Il fut connu en France en 1636 ; en 1766, on en importa en Europe 17 millions de livres, et 19 millions en 1785 ; aujourd'hui on en consomme 30 millions environ, dont 22 en Angleterre.

Le thé croît spontanément à la Chine, au Japon, à Tung-Chuen et à Tung-Gin ; mais si en Chine il est cultivé avec le plus grand soin, s'il est l'objet d'un commerce considérable, sa culture est très négligée au Japon.

Le *café* est devenu d'un usage plus général encore que le thé ; on croit que ce furent des pèlerins de la Mecque qui, les premiers, le firent apprécier aux musulmans. En 1590, les Hollandais allèrent chercher à Moka des plants de café qu'ils transportèrent à Java et à Batavia. Il ne fut connu en France qu'en 1713. Le bourgmestre régent d'Amsterdam envoya, en 1714, des cafiers qui furent plantés au jardin du roi, où ils réussirent; on en porta à la Martinique en 1723; l'année suivante, on le fit cultiver à la Guadeloupe, à Saint-Domingue et à Cayenne; en 1715, les Français le cultivèrent à l'île Bourbon, et en 1728 à la Jamaïque; les Hollandais l'avaient implanté à Surinam en 1692. Le café sauvage est cultivé avec succès dans les colonies des nègres libres, aux environs de Sierra-Leone.

Le café fut connu à Londres en 1641. Sa consommation fut mise à la mode à Paris par l'ambassadeur turc; de là l'usage s'en répandit dans les provinces, mais assez lentement.

La première manufacture de *café-chicorée* fut établie à Berlin en 1771; en 1800, il y en eut beaucoup en Belgique.

La grande consommation de café qui se fit bientôt dans les quatre parties du monde rendit plus nécessaire le *sucre* qu'on connaissait déjà, mais dont on avait peu soigné la culture. Les savants de la Grèce et de l'Italie le connurent autrefois sous le nom de l'*indien*. La canne à sucre est originaire des Indes Orientales; elle était cultivée dans l'Asie depuis un grand nombre de siècles; dans la Chine, on savait en extraire le sucre plus de deux mille ans avant son introduction en Europe; les Chinois en portaient au Japon une grande quantité, et il était pour eux l'objet d'un commerce considérable avec les Hollandais.

La canne à sucre fut transportée en Sicile en 1148, et en 1419 à Madère, en même temps que la vigne. Christophe Colomb l'introduisit à Saint-Domingue en 1520;

il y avait dans cette île plus de 60 manufactures qui en employaient le suc ; elle fut transportée ensuite à Saint-Thomas et aux Bermudes. En 1688, les Hollandais, chassés du Brésil, la naturalisèrent à la Guadeloupe. Le procédé du *raffinage*, attribué à un Vénitien, fut mis en usage en 1471 ; un siècle après, il passa en Angleterre.

Les Irlandais, dit-on, extraient du sucre d'une espèce d'*algue* que la mer pousse sur le rivage, et qui se couvre, au bout de quelque temps, d'une sorte de cristaux dont la saveur est très douce. Cette observation avait été faite dès longtemps par les Arabes de la mer Rouge.

On n'employa d'abord que le charbon pour la clarification du sucre.

L'*indigo* était depuis longtemps cultivé en Chine lorsque les Européens y abordèrent ; les négociants d'Anvers le faisaient venir des ports du Portugal qui, seul pendant de longues années, fut en possession de fournir ce produit si précieux pour les arts. La préférence qu'on lui donna fit négliger la culture de plusieurs plantes dont on se servait auparavant pour teindre les étoffes. Sous Elisabeth, on parla pour la première fois de l'indigo comme teignant en noir ; ce procédé était déjà employé en Chine.

Quelques-uns ont prétendu que l'indigo est une plante naturelle à l'Amérique : elle est cultivée à la Caroline depuis 1747. On a essayé vainement de l'acclimater à Vaucluse.

Les Indes Orientales produisent un très grand nombre d'autres plantes qui sont aussi l'objet d'un commerce plus ou moins considérable ; mais ces contrées sont re-

nommées surtout par leurs épiceries, dont le monde
entier est tributaire. Parmi celles-ci, le poivre, le girofle, la cannelle sont pour elles une source inépuisable
de richesses. Ceylan principalement est réputée pour la
cannelle qu'elle produit, et c'est à Amboine, là plus
grande des Moluques, que s'est fait de tout temps le
commerce le plus considérable de girofle. Il s'y en
vend plus de six cent mille livres par an, indépendamment du café, de l'indigo et du sagou.

La vente des éléphants procure aussi un grand revenu
à l'Inde ; quelques-unes des îles avoisinant le continent
en nourrissent de fort estimés. On y trouve également
des émeraudes, des saphirs, des topazes et d'autres
pierres précieuses dont les Maures font un commerce
immense.

D'autres îles et le continent même renferment des
mines de beaucoup de produit. — Ces mines sont de
cuivre, d'étain et de fer. Les principales mines de
cuivre se trouvent dans la province de You-nan, qui
fournit aussi d'excellents chevaux, indépendamment
des éléphants, des rubis, de l'ambre, de la gomme, des
plantes médicinales, du lin, des pierres sonores; ses rivières roulent même de l'or.

On voit aussi dans le Thibet des mines de cuivre très
riches.

Les anciens Péruviens connaissaient un procédé au
moyen duquel ils donnaient au cuivre la trempe de
l'acier; ils en faisaient des instruments, des outils, des
métiers, des épingles, des peignes, des mart aux, etc.;
ils en faisaient encore des miroirs parfaitement polis.
Les meilleurs instruments étaient fabriqués avec un al-

liage de cuivre et d'or, semblable au mélange dont étaient faites les armures des temps héroïques.

En Europe, les mines de Palau en Dalécarlie (Suède) furent les premières qui, dans le moyen âge, donnèrent un produit assez important. Elles furent ouvertes en 1347, et en 1600 on en extrayait 8 millions de livres de cuivre. La mine de Roroas, en Norwége, qui fut découverte en 1644, est l'une des plus abondantes d'Europe ; elle rend jusqu'à 12,000 quintaux. Ce cuivre est celui dont on se sert ordinairement pour fabriquer le laiton.

Les Suédois sont les premiers qui aient essayé de raffiner le cuivre en 1681 ; la mine la plus importante de Suède est celle de Capferberg. Ce royaume fournit annuellement au commerce près de 12,000 quintaux de cuivre. En 1800, on a estimé à 38,500,000 livres le produit des mines de la Sibérie ; celles de Souxou s'étendent à plus de trente lieues.

Anglesey, en Angleterre, produit plus de trente mille tonnes de minerai ; Cornouailles, cent mille quintaux métriques.

En France, la mine de Chessy, près Lyon, ne fournit pas un dixième de la consommation du pays.

On trouve beaucoup de cuivre aurifère aux environs de Copiago, dans le Chili ; cette contrée en contient en si grande quantité, qu'on le voit presqu'à la surface du sol, en brisant le roc qui le couvre. Plus de six mille quintaux de ce cuivre vont à Calcutta et dans la Chine ; le reste est porté aux États-Unis et en Europe. On trouve aussi des mines de cuivre dans le Mexique, au Canada et dans la Barbarie.

En Chine, on n'emploie le cuivre que dans la fabrication des armes, des miroirs, des cloches et des objets destinés au culte. Quoique les payements se fassent toujours dans ce pays avec des lingots d'or et d'argent, on y trouve néanmoins une monnaie de peu de valeur, en cuivre.

Des voyageurs parlent de petits anneaux d'étain, employés dans le Darfour, royaume de Nigritie, comme monnaie dont la valeur est arbitraire. Leur dimension est si différente qu'il suffit quelquefois de 12, et d'autres fois il en faut 140 pour payer la même pièce de toile. Quoique le plomb coûte cinq fois moins que l'étain, ce dernier métal fut toujours préféré dans une foule d'usages; c'est surtout dans le moyen âge qu'on en fit un grand emploi. Le toit d'une église d'Agen était ou est encore couvert de plaques d'étain. On attribue à un ouvrier chassé d'Angleterre la découverte des mines d'Allemagne; l'exploitation en fut si avantageuse que bientôt leur produit entra en concurrence avec celui des mines d'Angleterre.

On ne sait pas à quelle époque eurent lieu les premiers envois d'étain d'Orient en Europe. Deux auteurs, qui ont écrit en 1537, parlent de l'étain de Malaca. D'autres prétendent qu'avant l'arrivée des Portugais dans l'Inde, des pièces de monnaie d'étain d'un grand module étaient en circulation à Sumatra. Les principales mines de ce métal exploitées dans l'Inde sont dans le îles de Banca, de Sumatra, de Ceylan, à Malaca, au royaume de Pégu et à Siam.

L'*acier*, qui n'est que le fer raffiné et rendu plus dur par la cémentation et par l'immersion subite lorsqu'il est chauffé à rouge, paraît avoir été employé dans l'Inde depuis des temps fort anciens. Aristote parle de procédés au moyen desquels on le faisait; ils se perdirent dans la suite, puisque les Romains le considéraient comme une découverte faite en Espagne. Les voyageurs anglais font mention de mines d'acier naturel, appelé *wortz*, ou fer indien. Ces mines se trouvent dans la côte occidentale de l'Inde, depuis Goa jusqu'à Surate. Le minerai est transporté à Bombay, où il est purifié, et on le convertit à Damas en une coutellerie d'une qualité supérieure, d'où viennent les lames si estimées portant ce nom.

Tamerlan fut mis dans un cercueil d'acier.

Les procédés dans l'art de travailler les métaux avaient déjà fait de grands progrès. Dès le milieu du xive siècle on sut fabriquer en Allemagne des pendules et des montres de poche. Les historiens de ce pays parlent d'une montre qui fut présentée à Charles V, roi de France, en 1380; les chroniques du temps ajoutent qu'elle n'était pas plus grosse qu'une amande. En 1500, Petersheler fabriquait des montres de poche à Nuremberg; on en cite une sonnante qui, en 1542, fut présentée à un duc d'Orbin par un orfèvre italien. Elle était enchâssée dans une bague en guise de pierre précieuse, et cependant elle avait des roues, des ressorts semblables à ceux des grandes horloges. Le 5 avril 1575, l'archevêque de Cantorbéry légua à son frère Richard une canne de bois des Indes, qui avait une montre d'or à la poignée.

L'horlogerie a été introduite à Genève, en 1587, par un Français. En 1685, cent horlogers et trois cents ouvriers, établis dans cette ville, y fabriquaient environ cinq mille montres par an. Christian Huigen appliqua le pendule aux horloges en 1673 ; il imagina, peu de temps après, le *spiral*, pour régulariser le mouvement des pendules et des montres.

Ces découvertes donnèrent lieu aux subdivisions plus précises du temps, en minutes, en secondes et en tierces, en sorte que le mouvement journalier du soleil, partagé d'abord en vingt-quatre parties, est maintenant divisé en quatre-vingt-six mille six cents secondes, que l'on peut compter. On a inventé successivement les pendules à réveil, celles indiquant les quantièmes du mois, les phases de la lune, le lever et le coucher du soleil, enfin les pendules à *équations*, marquant la différence du temps vrai au temps moyen.

Les montres marines ne diffèrent des autres que parce qu'elles ont la propriété d'effectuer des vibrations constamment isochrones ou égales dans toutes les positions ; elles ont aussi plus d'exactitude et de précision. Ces avantages les firent adopter par les marins, comme le meilleur moyen pour reconnaître la longitude en mer.

Vers le même temps où Huigen appliquait le pendule aux horloges, on inventa en Angleterre les montres à répétition. Louis XIV reçut de Charles II les premières qu'on ait vues en France.

IX

Après la découverte de l'Amérique et des Indes orientales, on vit toutes les nations mettre en mer des armements considérables pour aller conquérir, dans ces régions nouvelles, des richesses qui devaient augmenter leur influence en Europe. Ainsi s'était élevée tout d'un coup une marine formidable, qui a disposé plus d'une fois de la destinée des empires, non-seulement dans les pays récemment connus, mais encore sur notre continent.

Les Portugais avaient à peine eu le temps de s'établir dans les Indes orientales et dans le Brésil, que déjà les Hollandais se présentaient pour s'emparer du commerce de ces pays. Les Anglais voulurent en avoir leur part, et les Français s'y établirent à leur tour. La même chose était à peu près arrivée en Amérique. Les Hollandais, les Anglais et les Français y livrèrent aux Espagnols et aux Portugais des combats aussi terribles que ceux qui ensanglantaient, dans le même temps, les côtes et les mers de l'Inde.

Tandis que l'on combattait avec tant d'acharnement pour la possession de régions déjà connues, des voyageurs, dignes successeurs des Vasco de Gama, des Colomb et des Vespuce, exploraient avec soin les côtes de l'Amérique et même celles de l'Europe vers le nord. Magellan avait découvert le passage auquel son nom fut donné, à l'extrémité méridionale de l'Amérique, et l'on avait trouvé aussi la route d'Arkhangel.

L'art de la construction des vaisseaux avait fait des progrès remarquables. Philippe II, roi d'Espagne, venait d'armer contre l'Angleterre la flotte la plus considérable qu'on eût jamais vue; elle était composée de cent trente bâtiments d'une force et d'une grandeur extraordinaires. Cette flotte fut détruite presqu'en totalité par la tempête et par l'ennemi, qui vainquit aisément des marins inhabiles, montés sur des vaisseaux qu'on ne pouvait manœuvrer à cause de leur masse énorme.

Après la défaite de la flotte espagnole, que Philippe avait nommée *l'invincible*, l'empire de la mer passa aux Hollandais. Mais Cromwell ayant réveillé dans sa patrie le goût du commerce, qui devait être naturel à un peuple d'insulaires forcé en quelque sorte de faire consister sa puissance dans une marine respectable, une guerre terrible commença entre ces deux nations. Longtemps elles se livrèrent des batailles sans que la victoire décidât précisément laquelle des deux l'avait emporté.

Louis XIV saisit le moment où ces deux rivales s'étaient affaiblies par leurs victoires mêmes pour relever la marine française. En montant sur le trône, ce prince n'avait trouvé dans ses ports que huit vaisseaux à moitié pourris. Admirablement inspiré et dirigé par Colbert, il communiqua son ardeur à toute la nation, et cinq rades furent ouvertes à la marine militaire. Colbert créa des chantiers et des arsenaux également magnifiques, et l'art de la construction reçut des règles plus certaines. Louis XIV fit un code maritime qui, depuis, a servi de guide aux autres nations. Sous la protection de ces institutions salutaires, les hommes de mer se formèrent promptement, et en moins de vingt ans les ports du royaume virent s'élever cent vaisseaux de ligne, non compris les frégates, les corvettes et autres plus petits bâtiments.

Ainsi un avantage important qu'a la France aujourd'hui, grâce à Colbert, qui a eu la gloire d'ouvrir les voies, c'est que les armements les plus considérables peuvent s'y faire avec promptitude et facilité. Non-seulement elle tire de son fonds presque tous les matériaux que demande la marine, mais elle nourrit encore un grand nombre d'ouvriers habiles et capables de mettre ces matériaux en œuvre; il y a même, parmi ces ouvriers, des pratiques très ingénieuses, peu connues ailleurs, inventées en divers temps et passées des pères aux fils. Ces pratiques consistent, non en raisonnements embarrassés, mais en expériences et en faits, suffisant pour le service courant de la marine, où il est d'ordinaire plus à propos d'exécuter vite que de songer à finir ce que l'on exécute, où, en général, tout ce qui se fait à bras d'homme est préférable à ce qui se fait par machines.

Avant Colbert, on faisait venir de la Hollande en France presque toutes les munitions servant à la marine, jusqu'à des pattes d'ancre, de la mèche, des câbles, des cordages tout préparés, du salpêtre et même de la poudre à canon, comme s'il n'y avait point alors dans le pays de forges, de chanvre, de fer, de soufre, des salpétrières et des hommes disposés à un travail suivi. Le grand ministre voulut qu'on se passât des manufactures étrangères, et il en établit sur des modèles qui éclipsèrent bientôt les autres.

Le plus grand tort, suivant nous, qu'on ait fait à la marine est de n'avoir point conservé les forêts situées aux bords de la mer et aux environs des rivières navigables. Ces forêts, condamnées les unes après les autres, ont été abattues par caprices et sous des prétextes frivoles. Combien de frais et de dépenses, combien de travaux onéreux n'épargneraient-elles pas si elles existaient encore !

Le marquis de Seignelai, fils de Colbert, dont les vues, dit-on, s'étendaient fort loin, avait formé le projet de faire planter tous les bords de la mer d'arbres propres à la construction des vaisseaux. Quelle cause a pu s'opposer à son exécution ? nous l'ignorons.

Le caractère de la marine des Hollandais est l'économie ; celui de la marine des Anglais est l'activité. Les Français tiennent un certain milieu entre ces deux caractères. Sans avoir l'économie des Hollandais ni l'activité des Anglais, ils les surpassent dans l'arrangement et l'exactitude du service.

Mais l'état florissant de la marine militaire de France éprouva bientôt un échec qui, du premier rang, la fit tomber au second et donna la supériorité à la marine anglaise. En 1619, avec quarante vaisseaux, elle osa attaquer quatre-vingt-dix vaisseaux anglais et hollandais ; elle succomba. Cependant, malgré cette perte, Louis XIV parvint à ressaisir sa supériorité, et en 1704, au combat de Vely-Malaga, on vit l'armée navale française forte de 50 vaisseaux de ligne, 8 frégates, 9 brûlots et 2 flûtes.

Nous ne croyons pas inutile de donner ici le précis des forces maritimes des États de l'Europe, depuis 1750 jusqu'à 1755, époque à laquelle presque tous ces États étaient en guerre entre eux.

MOSCOVIE.

En 1750, — la marine de l'impératrice de Russie consistait en 50 vaisseaux de ligne et près de 30 frégates, outre 80 galères et demi-galères; mais les matelots classés ne montaient qu'à 25,000.

SUÈDE.

En 1753, — la Suède avait 22 vaisseaux de ligne, 10 frégates, 66 galères et demi-galères, et 20,000 matelots.

DANEMARK.

En 1754, — la marine du Danemark était de 33 vaisseaux de ligne, 16 frégates, 50 galères; les matelots passaient 25,000, en comptant ceux de la Norwège.

HOLLANDE.

En 1754, — la marine de cette république était peu de chose : elle ne consistait que dans 20 ou 22 vaisseaux de ligne et 12 ou 15 frégates; elle était plus riche en matelots : elle en avait environ 100,000. Toutes les choses nécessaires pour la construction et l'armement des vaisseaux étant en grande abondance en Hollande, cet État pouvait promptement rétablir sa marine.

VENISE.

En 1753, — les forces maritimes de Venise consistaient en 14 vaisseaux de ligne, 6 frégates, 25 galéasses et 25 galères.

NAPLES.

En 1753, — 2 vaisseaux de ligne, 6 frégates ou che-
bécs.

TOSCANE.

En 1751, — 1 vaisseau et 4 frégates.

MALTE.

En 1751, — 3 vaisseaux de ligne, 2 frégates et 5 galères.

PORTUGAL.

En 1755, — 16 vaisseaux de ligne, 13 frégates et
1 chebec.

ESPAGNE.

En 1755, — 41 vaisseaux de ligne, 29 frégates, 2 pa-
quebots, 4 bombardes et 3 brûlots.

GRANDE-BRETAGNE.

En 1755, — 131 vaisseaux de ligne et 112 autres bâtiments armés.

FRANCE.

En 1755, — 67 vaisseaux de guerre, 31 frégates,
10 flûtes, 2 barques armées, 4 chebecs et 5 corvettes.

Il faut remarquer que la marine française se trouvait
en quelque sorte anéantie lors de la paix d'Aix-la-
Chapelle, et que cette même année 1755, l'Angleterre,
sans déclaration de guerre, avait enlevé à la France
3 vaisseaux de ligne, portant 6,000 officiers, mariniers
et matelots, avec 1,500 soldats; plus, 300 navires de
commerce.

Dans les belles années du règne de Louis XV, nous
voyons se relever la marine française, et, en 1756,
compter 100 vaisseaux de ligne et frégates !

5.

En 1770, époque à laquelle elle avait été, pour ainsi dire, ruinée par les combats de Lagos et de Conflans, elle se composait encore de 60 vaisseaux de ligne, 40 frégates et autres bâtiments de moindre importance.

Cependant, en 1778, au commencement du règne de Louis XVI, elle reparut avec quelque éclat; elle comptait :

9 vaisseaux de premier rang de 80 à 116 canons;
29 vaisseaux de deuxième rang, dont 27 de 74 canons, 1 de 70 et 1 de 68;
30 vaisseaux de troisième rang de 64 canons;

(ce qui présentait un total de 68 vaisseaux.)

51 frégates de 26 à 40 canons ;
16 corvettes de 14 à 16 canons;
8 lougres de 4, 6 et 12 canons;
10 prames de 20 à 36 canons;
23 flûtes de 12 à 32 canons ;
9 senaux de 4, 8, 10 et 12 canons;
8 chebecs de 18 à 24 canons;
4 galères de 3 canons ;
6 demi-galères, ayant chacune 2 canons de 8 ;
3 canonnières ayant chacune un canon de 6.

Total. . . . . 213 bâtiments.

L'année suivante, il y eut en plus 8 vaisseaux de 80, 74 et 64 canons.

Suivant le compte rendu à la Convention nationale, le 23 septembre de l'an Ier de la République, par le ministre de la marine :

La flotte de la Méditerranée était composée de 15 vaisseaux, 10 frégates, 9 corvettes et 4 avisos; à Saint-Domingue, 4 vaisseaux, 4 frégates, 1 corvette, 7 avisos et 4 flûtes; à la Martinique, 1 vaisseau, 3 frégates, 2 corvettes, 2 avisos et 1 flûte; à Terre-Neuve, 5 frégates, 2 avisos; à Cayenne, 1 frégate, 1 flûte, 1 aviso; dans la rade de Brest, 1 vaisseau de 110 canons; dans la mer d'Allemagne, 2 corvettes; croisant dans la Manche, 2 frégates.

Total : 102 pavillons tricolores, flottant sur les mers.

Indépendamment de ces armements, la République avait dans ses grands ports : 53 vaisseaux construits, dont 34 en état d'être armés et 19 susceptibles de réparations, radoubs ou refontes plus ou moins considérables; 41 frégates construites, dont 24 en état d'être armées, 17 ayant besoin de réparations plus ou moins considérables, et 6 sur le chantier, — ce qui fait un total général de 202 pavillons.

Aujourd'hui la marine de l'Angleterre est certainement beaucoup plus nombreuse que la marine française; mais, dans ces derniers temps, celle-ci a montré dans plusieurs circonstances une supériorité incontestable, et si la France n'a retiré de la guerre de Crimée aucune concession, aucune indemnité pécuniaire, elle y a, indépendamment de la gloire, obtenu un avantage immense, une influence toute-puissante sur les mers et le respect de tous les États maritimes. Aujourd'hui, on ne lui enlèverait pas impunément, sans déclaration de guerre, ses vaisseaux de ligne et ses navires marchands.

X

Tandis que du temps de Louis XIV les gouvernements faisaient les plus grands efforts pour dominer sur les mers, les particuliers, toujours plus actifs, toujours plus éclairés par le développement qu'avaient pris les arts, s'appliquaient à la recherche de procédés qui, tout en perfectionnant les produits, devaient en faire baisser le prix.

La physique, la chimie, les mathématiques étaient appelées à aider les expériences du simple artisan, comme celles du philosophe et du savant. La mécanique faisait tous les jours de nouveaux progrès.

On avait inventé, particulièrement en Suisse et en France, des machines pour fabriquer rapidement les différentes pièces des montres, de sorte que l'art de l'horlogerie ne consista plus qu'à les rectifier et à les disposer convenablement. C'est avec le cuivre jaune ou laiton, qui est un alliage de cuivre et de zinc, que sont faits à présent les mouvements des montres.

On a trouvé, il y a moins de quarante ans, le moyen de donner le moire au cuivre, qui alors présente l'éclat et le reflet de l'émeraude. On essaya d'abord cette préparation sur le fer-blanc; elle consiste à verser sur la feuille de métal de l'acide nitrique ou de l'acide muriatique; on l'expose ensuite à un degré de chaleur déterminé; quelle que soit l'utilité de ces métaux, leur importance n'est cependant pas comparable à celle du fer, dont on a tiré, dans ces derniers temps, un si grand parti.

L'architecture, à laquelle nous consacrerons plus tard une brochure spéciale, la peinture, la sculpture et d'autres travaux importants d'utilité publique, ne faisaient pas de progrès moins rapides en Allemagne, en Italie et dans quelques autres États de l'Europe. La France, par les encouragements qu'elle accordait, faisait naître des ouvrages nouveaux et voyait fréquemment des inventions qui devaient être la base de la gloire et de la prospérité publiques.

Ce perfectionnement dans les arts, ces travaux d'utilité publique, toutes ces inventions furent dues, il faut l'avouer, au frère de la marquise de Pompadour, le marquis de Vandières, nommé depuis marquis de Marigny, pour le soustraire aux quolibets de la cour. Profitant des facilités que lui donnaient sa faveur et le goût de sa sœur pour les arts, il ne fut pas plus tôt investi de la direction générale des bâtiments, arts et manufactures, qu'il mit en honneur les deux Académies dont il était le protecteur sous le roi : celle d'architecture et celle de peinture et de sculpture.

L'Académie d'architecture datait de 1671; mais elle avait été tellement négligée qu'elle n'avait produit jusqu'alors que fort peu de chose. Depuis plusieurs années, elle s'assemblait au Louvre, sans cependant avoir été autorisée, quoiqu'en 1717 elle eût obtenu des lettres patentes qui la confirmaient et l'établissaient. Elle eut donc grand besoin d'encouragements; Mme de Pompadour lui en fit accorder en donnant au roi l'envie de bâtir.

M. de Marigny créa des prix qui excitèrent l'émulation des jeunes gens. Les plus instruits furent envoyés à

Rome aux frais du monarque pour y visiter les monuments antiques et les étudier. Il conçut le vaste projet d'achever le Louvre, ce superbe édifice attestant à la fois et la grandeur des rois de France et leur mauvais goût de ne pas l'habiter, ou leur impuissance de le finir.

On ne saurait croire quel essor rapide prit l'architecture sous l'influence de son nouveau Mécène. Ce qui distingue les artistes français en ce genre, ce que l'Égypte, ni la Grèce, ni Rome, ni même la France sous Louis XIV n'avaient pratiqué, et, ce qui est pourtant plus essentiel que les caryatides et les colonnades, c'est la distribution intérieure des appartements. Jusqu'à cette époque, on ne connaissait que de longues galeries et d'immenses salons; de ce moment, on perfectionna les détails d'intérieur dans les logements; on en avait développé, pour là première fois, en 1722, les heureuses idées au Palais-Bourbon. Les efforts de cet art s'étaient continués à Choisy en faveur des premières maîtresses de Louis XV; mais il n'était encore que dans l'enfance. Celui des ornements, des embellissements, des ameublements, qui entre aussi dans les études de l'architecte, est né, en quelque sorte, sous le marquis de Marigny, que Pétrone aurait appelé *elegantiarum arbiter*, l'arbitre des élégances.

Cote, mort en 1735, est le premier qui ait mis des glaces sur les cheminées, et le plus petit bourgeois arriva au point de dédaigner un logement qui n'en était pas décoré. On imagina ensuite les cheminées mobiles sur un pivot et pouvant chauffer deux chambres; on en construisit d'autres dont le tuyau s'inclinant permettait à l'œil de percer et de s'étendre dans la rue ou dans la campagne. A cette même époque, les recherches ingénieuses des architectes furent poussées au point d'inventer de ces tuyaux de chaleur qui, sans laisser apercevoir aucun agent, communiquaient partout leur douce influence, et auraient fait croire, si l'on avait ignoré le secret, à une nouvelle température.

L'Académie de peinture et de sculpture n'a pas eu moins d'obligation au marquis de Marigny et n'a pas fait moins de progrès sous lui en certaines parties; si les hommes de génie en ce genre étaient devenus peut-être plus rares, les artistes, en général, étaient plus nombreux et plus encouragés. Les prix et les élèves, entretenus en Italie pour s'y former le goût sur les grands modèles, perpétuaient nécessairement l'idée du beau, même dans ceux que la mode et la frivolité du siècle obligeaient de se livrer encore à des études absolument dépravées.

En 1740 avait commencé l'usage d'exposer tous les ans, dans la grande salle du Louvre, les ouvrages de sculpture, de peinture et de gravure, composés par les membres de l'Académie. M. de Marigny encouragea cette exposition; mais, pour la rendre plus travaillée et plus considérable, il voulut qu'elle n'eût lieu qu'aux années impaires; ensuite, il fit ouvrir au public la superbe galerie de Rubens au Luxembourg; c'est là qu'on vit, en 1751, ce tableau d'André del Sarto, usé de vétusté, revivre par l'industrie de *Picot*, inventeur du secret de transporter la peinture, sans l'altérer, d'une toile sur une autre, et perpétuer ainsi son existence. Il tenta depuis la même opération sur le *Saint-Michel* peint sur bois par Raphaël, et termina si heureusement son ouvrage qu'il fit l'admiration générale.

Loriot inventa l'art de fixer le pastel et de lui donner la durée des tableaux peints à l'huile. Parmi les chefs-d'œuvre des plus fameux peintres, on vit figurer au salon un portrait fait à l'aiguille par la manufacture des Gobelins; la finesse du travail et la vérité des couleurs y trompaient l'œil : on le prenait pour une véritable peinture.

L'art d'appliquer l'émail sur l'or fut poussé à ce point qu'on fit, en ce genre, des tableaux d'histoire fort étendus.

La savonnerie à Chaillot, l'émule des Gobelins, enfanta des prodiges en tapisseries.

Dans le même temps on vit s'établir, sous les auspices du gouvernement, une chambre d'assurances, à la tête de laquelle se mirent plusieurs riches négociants, et dont le premier fonds fut de 12 millions. De cette manière, on put assurer les navires marchands.

On commençait à construire des grandes routes en Allemagne et en Angleterre, plus avancée de ce côté-là que l'Allemagne; on en avait commencé en France sous Louis XIV; mais à cette époque l'art des chemins n'était qu'ébauché et dans son enfance; on lui fit faire des progrès dès les premières années du règne de Louis XV, et en 1751, sous la direction de M. Trudenne, intendant des finances, il fut porté à une étonnante perfection : il établit le bureau des ponts et chaussées sur le meilleur pied; il y mit un architecte, un ingénieur en chef, quatre inspecteurs généraux, un directeur, des géographes et vingt-cinq ingénieurs; ensuite, il favorisa une école d'où se tirèrent des sujets désirant se destiner à cette partie : on sut y réunir la commodité, l'utilité et l'agrément. Alors on vit s'élever ces plans réguliers et majestueux qui bordent et ombragent les routes publiques.

XI.

En 1644, un religieux de l'ordre des Minimes donna l'idée de faire des navires en fer. L'Angleterre la première a mis cette idée à profit, mais environ deux siècles après car ce n'est que depuis peu de temps, c'est-à-dire une trentaine d'années, qu'elle s'est livrée à cette espèce de construction. Son *Aaron-Mauby* a 100 pieds de long sur 16 de large; sa coque a coûté 43,000 fr. Le *Commerce de Paris*, de 116 pieds de long sur 18 de largeur, a coûté 52,000 fr. En 1820, les Anglais ont construit sur la Clyde un bateau de passage en fer forgé. Depuis, on s'est convaincu que ces bateaux sont plus légers que ceux en bois.

Les Chinois parlent de chaînes qui servaient, dans leur pays, à traverser les rivières. Une construction de ce genre subsiste depuis longtemps dans la province de Yun-Nan, pres de Tehhing-Kiong; elle consiste, dit un voyageur, en piliers, dressés de distance en distance, entre lesquels on a tendu des chaînes. Le jésuite Martin rapporte que 20 chaînes de 12 perches de longueur rendent facile le passage d'un abîme, et que ce pont singulier prend un mouvement remarquable d'oscillation lorsque plusieurs personnes le traversent en même temps.

Un moyen de communication plus singulier encore existe en Amérique : c'est le pont de cordage en cuir jeté, au Chili, sur la rivière Maypo, dans le voisinage du lieu où le général indépendant San-Martin a battu une fois les troupes espagnoles. Une charpente relève les câbles attachés au rivage. La distance d'une rive à l'autre, comprise entre le rocher et la charpente, est de 123 pieds.

C'est de ces ponts qu'est venue l'idée d'en construire en chaînes et en fils de fer en Angleterre et en France. Le premier qui s'éleva en Angleterre date de 1788, à Colbrookedal. Le pont des Arts, à Paris, fut commencé en 1802 et livré au public en 1807.

En 1811 et 1815, on construisit, en Amérique et en Angleterre, des ponts en fil de fer pour le passage des piétons. Aujourd'hui, en France, il est peu de fleuves ou de rivières qui n'aient des ponts en fil de fer, où passent les voitures les plus pesamment chargées. Le pont en fil de fer de Cubzac, sur la Dordogne, est certainement une merveille de l'art; il est d'une longueur extraordinaire, et les plus gros navires de commerce peuvent passer dessous avec leurs mâts.

Les premiers chemins en fonte furent construits en Angleterre, aux environs de Newcastle, en 1630, par l'ingénieur Baumont. Cette découverte importante ne reçut d'abord que peu de développement. Mais, vers l'année 1738, des communications de ce genre furent employées pour les voitures dans le voisinage de quelques mines de houille. En 1754, on a substitué des roues en fonte aux roues en bois, mises en usage pour les voituriers qui fréquentaient ces chemins.

En 1820, on voyait déjà en Angleterre des chemins à ornières de fer ; en 1827, on en construisit un entre Lyon et Saint-Étienne.

Vers 1810, les Anglais remplacèrent les chevaux de tirage par des machines à vapeur ou locomotives. Depuis, ce moyen a été perfectionné. Mais les nombreux accidents arrivés, soit en Angleterre, soit en France, sur les chemins de fer, démontrent suffisamment que l'art a de grands progrès à faire à cet égard, pour que ce mode de locomotives puisse offrir aux voyageurs toutes les garanties de sûreté.

La vapeur a été appliquée aux vaisseaux avec un égal succès, et, il faut bien le remarquer, cette invention, du moins son mécanisme, qui paraît tout nouveau au plus grand nombre, date de six cents ans ; car, en 1343, on vit manœuvrer, dans le port de Barcelone, un bâtiment mû par un mécanisme du capitaine Blasco.

Cette découverte consistait dans une grande chaudière d'eau bouillante mettant en mouvement des roues attachées aux deux bords du navire.

Ainsi la machine à vapeur était déjà montée ; mais il ne fut donné aucune suite à cette invention, parce qu'elle rencontra dans le conseil de l'empereur une forte opposition.

En 1736, le gouvernement anglais accorda à Jonathan Nulls un brevet pour l'application de la vapeur ; et en 1786, on essaya, en France et en Angleterre, la navigation par la vapeur.

Le premier bateau à vapeur, en Amérique, fut construit par l'ingénieur Fulton et lancé, à New-York, le 30 octobre 1807. Il fit une course de quarante lieues.

Ce bâtiment donna l'élan, car, en 1812, un assez grand nombre de bateaux à vapeur servaient déjà à des communications régulières.

Le premier bateau à vapeur, en Angleterre, fut construit par Bell et Thomson; il fut lancé sur la Clyde et reçut le nom de *Comète*. Mais la machine n'avait la force que de trois chevaux.

En 1820 l'Amérique comptait sept bâtiments à vapeur de fort tonnage, voguant sur le Mississipi; elle en comptait, en outre, quatre sur le Hudson, quatre sur le fleuve Saint-Laurent, et encore un grand nombre d'autres moins considérables.

Les bateaux à vapeur n'étaient destinés alors qu'au transport des voyageurs et des marchandises. On en a construit depuis sur une plus grande échelle; on a fait ensuite des vaisseaux de guerre à vapeur, des bâtiments à la fois à vapeur et à voiles pour suppléer au manque de charbon, enfin des navires à vapeur et à hélice, c'est-à-dire à roue fonctionnant sous le bâtiment, le plus haut degré de perfectionnement.

Aujourd'hui, il n'est pas une mer, pas un fleuve, pas une rivière navigable qui ne soit sillonné par des bateaux à vapeur.

La vapeur a aussi été appliquée à l'imprimerie. La première presse à vapeur a été construite à Paris par l'imprimeur Selligues. Ce système était déjà adopté à Londres. Elle est également employée pour les soieries, au moyen d'un appareil inventé, en 1806, par M. Gensoul, de Lyon.

Tous les procédés nouveaux sont dus à l'habitude d'appliquer les sciences aux calculs de l'industrie. La chimie, la physique, qui, de leur côté, ont fait d'immenses progrès, guident les industriels dans toutes leurs spéculations, tandis que la géographie se perfectionnant, vient ouvrir des débouchés aux nouvelles productions.

Mais une découverte destinée à remplacer la vapeur a été faite depuis peu de temps ; fonctionnant déjà comme moyen de correspondance, comme télégraphie, elle ne tardera pas, sans doute, à être appliquée, par d'heureuses et savantes combinaisons, aux locomotives, aux vaisseaux, à toutes les branches d'industries où la vapeur joue un rôle si important : cette découverte est l'électricité.

Combien de recherches l'emploi de l'électricité n'a-t-il pas demandées à la science, combien de travaux n'en a-t-il pas exigés avant d'arriver à la télégraphie !

Ce n'est point ici le lieu de parler des phénomènes électriques ni des notions technologiques ; nous voulons dire seulement quels résultats on a obtenus avec l'électricité.

Avant d'arriver à la télégraphie, on avait fait des recherches et des expériences pour calculer la vitesse de l'électricité. MM. Gay et Wheeler entrèrent les premiers dans la carrière : ils remarquèrent bien la vitesse avec laquelle elle se propageait, mais ils ne firent aucune expérience pour l'apprécier.

En 1828, au moyen d'un appareil fort ingénieux et fort simple, M. Arago démontra que les éclairs les plus brillants et les plus étendus n'ont pas une durée égale à la millième partie d'une *seconde* de temps.

Comme cette démonstration ne suffisait pas, on s'appliqua à perfectionner les instruments et des procédés d'expérimentation.

En 1834, et par un appareil de son invention, M. Wheatstone résolut en partie le problème. Il trouva :

1° Que la vitesse de l'électricité d'un fil de cuivre est au moins aussi grande que celle de la lumière dans l'espace planétaire;

2° Que dans un fil communiquant par ses extrémités avec les deux armures d'une bouteille de Leyde, le dérangement d'équilibre électrique se propage avec une vitesse égale à partir des deux bouts du fil, et n'arrive que plus tard au milieu du circuit;

3° Que la lumière électrique à l'état de haute tension dure moins de 1/1,000,000 de *seconde*;

4° Que l'œil est capable de voir distinctement les objets qui lui sont présentés pendant ce court intervalle de temps.

M. Wheatstone n'ayant pas opéré directement sur le courant électrique, et ses recherches s'étant portées principalement sur l'électricité de tension dégagée dans un milieu aériforme, MM. Fiseau et Gounelle, physiciens, cherchèrent à étudier ces lois de propagation du fluide électrique dans les corps solides métalliques, c'est-à-dire dans les circuits voltaïques. Voici les résultats auxquels ils sont parvenus en opérant sur une longueur de 600 kilomètres :

1° Dans un fil de fer dont le diamètre est de 4 millimètres, l'électricité se propage avec une vitesse de 101,710 kilomètres, en nombre rond de 100,000 kilomètres par *seconde*;

2° Dans un fil de cuivre dont le diamètre est de 0.2m5,

cette vitesse est, en nombre rond, de 180,000 kilomètres par *seconde;*

3° Les deux électricités se propagent avec la même vitesse;

4° Le nombre et la nature des éléments dont la pile est formée, et par conséquent la tension de l'électricité et l'intensité du courant, n'ont pas d'influence sur la vitesse de propagation;

5° Dans les conducteurs de différente nature, la vitesse augmente bien avec le degré de conductibilité des métaux, mais dans un rapport qui n'est pas proportionnel;

6° La vitesse de propagation ne paraît pas varier avec la section des conducteurs.

Enfin, ces divers calculs firent juger que la vitesse de l'électricité était, dans une *seconde*, de 576 milles anglais, ou 192,800 lieues.

Cependant, ces expériences ne sont pas tout à fait le point de départ de la télégraphie électrique; elles ont, à la vérité, merveilleusement aidé à y arriver; mais les savants qui, les premiers, sont parvenus à la découverte de la télégraphie, ne sont pas les premiers qui en ont eu l'idée : cette idée, avec la plupart des éléments qui ont fait le succès de l'invention, est due à un Écossais, vivant en 1753, mais dont nous ignorons le nom.

Voici la lettre où cet Écossais trace son système : elle est datée de Renfrew, le 1er février 1753, signée des initiales C. M. et a été adressée à un journal écossais qui l'a publiée. Ce document est tellement curieux que nous avons cru ne pas pouvoir nous dispenser de le reproduire pour l'instruction du lecteur :

« Monsieur,

» Il est bien connu de tous ceux qui s'occupent d'expériences d'électricité, que la puissance électrique peut se propager le long d'un fil fin, d'un lieu à un autre, sans être sensiblement affaiblie par la longueur de sa course.

» Supposons maintenant un faisceau de fils, en nombre égal à celui de l'alphabet, étendus horizontalement entre deux lieux donnés, parallèles l'un à l'autre et distants l'un de l'autre d'un pouce. Admettons qu'après chaque vingt yards, les fils soient reliés à un corps solide par une jointure en verre ou en mastic de joaillier pour empêcher qu'ils n'arrivent en contact avec la terre ou quelque corps conducteur, et pour les aider à porter leur propre poids. La partie électrique sera placée à angle droit à l'une des extrémités des fils, et le faisceau des fils à cette extrémité sera porté par une pièce solide de verre.

» Les portions des fils qui vont du verre-support à la machine ont assez d'élasticité et de raideur pour revenir à leur position primitive, après avoir été amenées en contact avec la batterie.

» Tout près de ce même verre-support, du côté opposé, une balle ou boule descend suspendue à chaque fil ; et à un sixième ou dixième de pouce au-dessous de chaque balle, on place l'une des lettres de l'alphabet, écrites sur de petits morceaux de papier ou d'une autre substance quelconque, assez légère pour pouvoir être attirée et soulevée par la balle électrisée ; on prend, en outre, tous les arrangements nécessaires pour que chacun de ces petits papiers reprenne sa place lorsque la balle cesse de l'attirer.

» Tout étant disposé comme dessus, et la minute à laquelle doit commencer la correspondance étant fixée d'avance, je commence la correspondance avec mon ami de cette manière : je mets la machine électrique en mouvement, et si le mot que je veux transcrire est *sir*, par exemple, je prends avec un bâton de verre, ou avec un autre corps électrique par lui-même, en isolant les différents bouts de fil correspondant aux trois lettres qui composent le mot, puis je les presse de manière à les mettre en contact avec la batterie. Au même instant, mon correspondant voit ces différentes lettres se porter dans le même ordre vers les balles électrisées à l'autre extrémité des fils.

» Je continue à épeler ainsi les mots aussi longtemps que je le juge convenable, et mon correspondant, pour ne pas les oublier, écrit les lettres à mesure qu'elles se soulèvent, il les unit et il lit la dépêche aussi souvent que cela lui plaît.

» A un signal donné, ou quand j'en ai le désir, j'arrête la machine, je prends la plume à mon tour et j'écris ce que mon ami m'envoie de l'autre extrémité de la ligne.

» Si quelqu'un juge que ce mode de correspondance est quelque peu ennuyeux, au lieu de balles il pourra suspendre au plafond une série de timbres en nombre égal aux lettres de l'alphabet, et diminuant graduellement de dimension depuis le timbre *a* jusqu'au timbre *z* du premier faisceau de fils horizontaux, il en fera partir un autre aboutissant aux différents timbres,

6

c'est-à-dire qu'un fil ira du fil a au timbre a, un autre du fil b au timbre b, etc.

» Alors, celui qui commence la conversation amène successivement les fils en contact avec la batterie comme auparavant, et l'étincelle électrique se déchargeant sur les timbres de différentes dimensions, désignera au correspondant, par le son produit, les fils qui auront été tour à tour touchés. De cette manière, et avec un peu de pratique, les deux correspondants arriveront sans peine à traduire en mots complets le langage des carillons, sans être assujettis à l'avenir à noter ou écrire chacune des lettres indiquées.

» On peut parvenir encore au même but, d'une autre manière : Supposons que les balles soient suspendues au-dessus des caractères, comme dans la première expérience ; mais, au lieu d'amener les extrémités des fils horizontaux en contact avec la batterie, concevons qu'un second faisceau de fils partant de l'électrificateur vienne aboutir aux fils horizontaux du premier faisceau, et que tout soit en même temps disposé de telle sorte que chacun des fils de la deuxième série puisse être détaché du fil correspondant de la première par une pression exercée sur une simple touche, et qu'il revienne aussitôt qu'on lui rend la liberté en cessant de presser. Cela peut être obtenu par l'intermédiaire d'un petit ressort ou de vingt autres moyens qu'on imaginera sans peine. De cette manière, les caractères adhéreront constamment aux balles, excepté lorsqu'on éloignera un des fils secondaires du fil horizontal en contact avec la balle, et alors, la lettre à l'autre extrémité du fil horizontal se détachera immédiatement

de la balle et sera, par cela même, montrée au correspondant. Je mentionne en passant cette nouvelle dis-
position comme une variété intéressante.

» Quelqu'un pensera peut-être que, quoique le feu
ou flux électrique n'ait pas paru sensiblement diminuer
d'intensité dans sa propagation à travers les longueurs
des fils expérimentés jusqu'ici, on peut raisonnable-
ment supposer, comme ces longueurs de fils n'ont pas
dépassé 30 ou 40 yards (mètres), que, sur une longueur beaucoup plus grande, cette intensité diminuera
considérablement et sera probablement entièrement
épuisée par l'action de l'air environnant, après un par-
cours de quelques milles.

» Pour prévenir cette objection et sans perdre le
temps en arguments inutiles, je dirai qu'il suffira de
recouvrir les fils, d'une extrémité à l'autre, avec une
couche mince de mastic de joaillier. Cela peut se faire
avec une dépense additionnelle très minime, et comme
cette couche est électrique par elle-même, c'est-à-dire
isolante, elle mettra efficacement chaque partie du fil à
l'abri de l'action épuisante de l'atmosphère.

» Signé : C. M. »

Comme on le voit, la question, dans cette lettre, est
nettement posée et clairement discutée.

En 1774, un savant d'origine française, M. Lesage,
eut la même idée et lui donna, à Genève, un commencement d'exécution; mais de nombreux inconvénients
se rattachant au mode de production de l'électricité par
les machines, on renonça à l'établissement en grand de
ce système.

Plusieurs essais également infructueux furent tentés

par des savants en 1787, 94, 95, 96, 98 et en 1823. Ces systèmes péchaient tous par leurs bases elles-mêmes.

La question devint plus facile à résoudre quand les effets de l'électricité dynamique furent connus, surtout l'aimentation du fer doux sous l'influence du courant électrique; alors, on songea à établir en grand la télégraphie électrique.

Le télégraphe électrique par signaux vint le premier, et fit tomber l'ingénieux système du savant Chappe.

Vint ensuite le télégraphe électrique écrivant. Il y eut de nombreux essais faits par des hommes de génie avant qu'il parvînt au perfectionnement où nous le voyons aujourd'hui.

Deux savants se disputent l'invention du télégraphe écrivant et perfectionné : M. Steinheil et M. Morse l'Américain. Si celui-ci a des partisans, M. Steinheil en a également en plus grand nombre, de telle sorte qu'on pourrait lui attribuer tout entière la gloire du système dominant.

Le télégraphe électrique se compose de quatre éléments principaux et distincts : 1º un système électro-magnétique recevant l'impression électrique transmise à distance; 2º une bascule armée d'un stylet, traduisant par un mouvement mécanique les réactions électriques exercées sur le système magnétique; 3º un système mécanique ou mouvement d'horlogerie qui, en déroulant une bande de papier devant le stylet, permet à celui-ci de laisser une trace durable des différents mouvements qu'il accomplit; 4º enfin, d'un appareil transmetteur réagissant sur le courant électrique.

Après le télégraphe écrivant devait nécessairement

surgir le télégraphe électrique sous-marin, quoiqu'il fallût à son auteur des connaissances profondes en physique, en chimie, en mathématiques et en mécanique.

Nous ne parlerons point du télégraphe électro-chimique, de l'emploi de l'électricité dans les chemins de fer pour les signaux de détresse ou de secours, dans l'horlogerie, dans l'éclairage, dans diverses industries ; nous répéterons seulement qu'elle est probablement appelée à remplacer la vapeur sur les chemins de fer et les navires, dans les manufactures et les usines.

La houille, dont il se fait aujourd'hui et partout une consommation énorme, tendant à s'accroître encore de plus en plus, est une matière qui n'existe que dans quelques localités privilégiées, mais elle ne se reproduit pas dans le sein de la terre d'où on la tire, et il est manifeste que, dans un temps donné, elle s'épuisera. Il est donc essentiel de procurer à l'industrie une base moins fragile, et qui mieux que l'électricité peut atteindre ce but ?

Comme on l'a vu dans le cours de cet ouvrage, depuis près de cinq cents ans l'Europe est entrée dans une carrière nouvelle, carrière qu'elle a ouverte aux autres parties du globe ; elle a commencé les temps modernes, dont le caractère actif, novateur et radical, s'annonçait déjà par de grandes découvertes.

Dès l'année 1452, l'imprimerie vient assurer une existence durable aux productions du génie ; elle fait descendre peu à peu, jusque dans les dernières classes, les pensées et les ouvrages de ceux qui ont bien mérité du genre humain. En popularisant la science, elle fa progresser la civilisation et la met à l'abri de tout danger.

Tandis que l'imprimerie détruit le monopole de l'intelligence, la poudre à canon, l'artillerie, c'est-à-dire l'arme populaire, devient de jour en jour plus redoutable. Alors la vigueur du chevalier, la force du dextrier, la bonté de l'armure, ne suffisent plus pour assurer aux nobles, aux riches, la supériorité sur les bourgeois et les paysans. Le vassal a maintenant une arme qui perce la cuirasse la plus épaisse. L'égalité est ainsi rétablie sur les champs de bataille : c'est un signe qu'elle le sera bientôt dans la société.

La boussole, connue à présent de tous les navigateurs, permet d'entreprendre de longs voyages, de tracer des chemins en mer comme des routes sur le continent ; c'est elle qui amène la découverte du Nouveau Monde, et le passage aux Indes par le cap de Bonne-Espérance ; c'est elle qui fait naître le grand commerce maritime, crée la république de Hollande, la prospérité commerciale de la France et la fortune de l'Angleterre.

Devant ces découvertes, la féodalité succombe.

La vapeur vient ensuite ; en abrégeant les distances, elle multiplie les communications entre les peuples ; elle donne un essor plus grand au commerce et à la navigation, aux sciences et aux arts.

Et si l'on croyait pouvoir assigner des bornes au génie, on dirait que la découverte de l'électricité, avec laquelle il n'y a plus de distance, dont l'usage se vulgarise tous les jours, est le couronnement de l'œuvre.

APPENDICE.

—

Nous croyons nous rendre utile en donnant ici un résumé de la chronologie géographique.

1550. Premières colonies égyptiennes, phéniciennes, grecques, et naissance de la géographie. — 1491. Les Juifs sortent de l'Égypte; le Pentateuque; Moïse. — 1275. Argonautes en Colchide. — 1044. Ioniens dans l'Asie-Mineure. — 860. Fondation de Carthage et de Cadix. — 750. Voyages de Colée, de Samos — 550. Carte d'Anaximandre. — 490. Carte de Perse, vue à Milet. — 434. Alexandre en Asie. — 431. Découverte de la Bretagne. — 401. Retraite des 10,000. — 350. Pythéas à Thulé. — 325. Néarque sur la mer Erythrée. — 204. Table de Peutinger. — 128. Détermination astronomique des longitudes et des latitudes. — 58. Jules César conquiert la Gaule. — 52. Carte de la Monarchie romaine. — 25. Découverte des Moussour par Hippale.

ÈRE VULGAIRE.

16. Germanicus voyage sur la mer du Nord. — 50-60. Découverte dans l'intérieur de l'Afrique. — 85. Agricola soumet la Bretagne. — 106. Conquête de la Dacie par Trajan. — 138. Les Hébreux en Chine. — 376. Grande invasion des Huns. — 535. Cosmas Indicopleustes aux Indes. — 630. Connaissances sur l'Arabie. — 861. Découvertes des îles Fœroé et de l'Islande. — 888. Voyage des Norwégiens jusqu'à Arkhangel. — 900. Les Arabes s'avancent le long des côtes est d'Afrique vers le sud. — 1000. Ils passent la ligne; vers ce temps, les Islandais découvrent le Groenland. — 1140. Les Canaries, perdues de vue en 600, sont retrouvées. — 1243. Commencement des voyages dans la haute Egypte, ambassade de saint Louis aux Mogols-Carjus, Rubruquis, Ascelin, Marc-Paul. — 1364. Marchands normands en Crimée. — 1390. Voyage des frères Zéni, Vénitiens. — 1405. Béthencourt aux Canaries. — 1415. Voyage des Portugais pour faire le tour de l'Afrique. — 1486. Diaz au cap des Tourmentes. — 1492. Découverte de l'Amérique, Christophe Colomb aux îles Lucayes. — 1498. Gama double le cap de Bonne-Espérance et achève le tour de l'Afrique. — 1499. Voyage d'Améric Vespuce. — 1500. Découverte du Brésil. — 1502. Découverte de l'île Sainte-Hélène. — 1512. Découverte de la Floride. — 1515. Découverte de l'embouchure de Rio de la Plata. — 1517. Andrada à la Chine. — 1518. Découvertes du Mexique et de l'Acadie. — 1520. Premier voyage autour du monde par Magellan, découverte des sept royaumes de l'Indo-Chine. — 1523. Découverte de Bornéo. — 1525. Découverte du Pérou. — 1528. Découverte de la Californie et de la Nouvelle-Guinée. — 1534. Découverte du Canada. — 1540. Les Espagnols cherchent un passage allant

aux Indes. —1542. Découverte de la Nouvelle-Californie; le Portugais Mandel Pinto au Japon. — 1556. Découverte du détroit de Vaigatche. — 1567. Découverte de l'archipel de Salomon. — 1576. Découverte du Groenland, oublié depuis deux siècles; détroit de Frobisher, découvert. —1577. Découverte des îles Elisabéthides et de la Nouvelle-Albion.—1679. Découverte de la Sibérie. — 1582. Découverte de la Nouvelle Géorgie et du Nouveau-Cornouailles. — 1685. Découverte du détroit de Davis. — 1592. J. de Fuca prétend avoir découvert un nouveau passage Nord-Ouest.—1595. Découverte des îles Marquises. — 1598. Découverte de Madagascar. — 1603. Commencement des voyages modernes dans l'intérieur de l'Asie; Goez, par terre, de Lahore à l'Indostan et à la Chine.— 1606. Première découverte d'O-Taïti, par Quiros. — 1610. Découverte de la baie d'Hudson. — 1616. Découverte 1° de la Nouvelle-Hollande; 2° de la baie de Baffin; 3° du cap Horn. — 1620. Commencement des voyages dans l'intérieur de l'Afrique; Richard Jobson dans la Sénégambie; les jésuites portugais à Veho, au Japon.—1621. Commencement des colonies anglaises dans la mer septentrionale.—1631. Fixation du premier méridien à l'île de Fer. — 1639. Dmitri Kopilov à Otkotsk, dans la Sibérie. — 1642. Terres australes, découvertes par Kasman. — 1699-1717. Voyages de Chardin, Thévenot, Tavernier, Avril, Tachard, dans l'intérieur de l'Asie. — 1673. Découverte du Mississipi. — 1679. Découverte de la Louisiane. — 1686. Découverte des Carolines. — 1697. Découverte du Kamtchatka. — 1699-1717. Voyage de Paul Lucas. — 1714. Le Père Désiré au Thibet; voyage de La Barbinais autour du monde.—1720. Voyage de Shaw en Afrique. —1722. Roggeween aux terres australes. — 1728. Détroit de Behring découvert. — 1730. Découverte des Kouriles. — 1736. Les académiciens français à Quito et Tornéa. — 1737. Renflement du globe à l'équateur et affaiblissement aux pôles. — 1745 Découverte des îles Aléoutiennes.—1757. Thoman au Monomotapa.—1761. Niebuhr en Arabie ; Mac Callam s'avance à la latitude de 80° 1/2 est. — 1766. Commencement des voyages de Bougainville. — 1767. Voyage de Carteret. — 1769. Premier voyage du capitaine Cook. — 1773. Deuxième voyage. — 1776. Troisième voyage. — 1775. Découverte d'Aila, Quadra et de la longueur de l'Amérique Nord.—1778. Découverte des îles Sandwich. — 1783. L'Afrique traversée, pour la première fois, par Damberger. — 1786. Voyage de Lapeyrouse autour du monde. — 1788. Hélin au Pérou. — 1792. Mesure astronomique de l'arc du méridien entre Barcelone et Paris, par Méchain et Delambre. — 1795. Voyage de Mungo-Park. — 1796. Bureau des longitudes à Paris. — 1796. Relèvement des côtes nord-ouest de l'Amérique du Nord par Vancouver. — 1798. Voyage des savants français avec l'expédition d'Egypte. — 1799. Voyages de Humboldt et Bonpland dans l'Amérique du Sud. — 1804. Voyage du capitaine Fraycinet autour du monde. — 1805. Voyages de J. Klapoth et de Bergmann au Caucase. — 1813. Brown dans la Tartarie, les Indes et le Thibet. — 1814. Du haut des Montagnes bleues on voit des plaines, fleuves, etc. — 1817. Bowdich chez les Achantis. — 1818. A. de Saint-Hilaire au Brésil. — 1821. Fondation de la Société de géographie à Paris. — 1822. Parry débouche par le Sund Lancaster dans une mer qu'il croit la mer Polaire. — 1823. Voyage du capitaine Duperrey autour du monde. — 1825. Voyage de Clapperton dans l'Afrique intérieure. — 1826. Capitaine Dumont Durville part de Toulon pour la Nouvelle-Guinée ; ses voyages successifs — 1828. A. Caillé arrive à Tombouctou en février, débarque à Toulon en octobre, reçoit le prix proposé par la Société de géographie de Paris, à qui irait de Sierra Leone à cette ville non encore connue.

Depuis 1828 d'autres découvertes ont été faites ; il en sera

sans doute fait de nouvelles, soit dans l'Afrique dont l'intérieur est loin de nous être bien connu, soit dans l'Amérique
dont beaucoup de parties nous sont encore inconnues. Mais,
pour parvenir à ce but, il ne faut pas seulement de la
science, il faut aussi du courage et des forces organisées pour
pénétrer dans des contrées où il y a à combattre et à vaincre
des obstacles et des dangers de toute espèce.

PARIS. — IMPRIMERIE DE DUBUISSON ET Cᵉ, 5, RUE COQ-HÉRON.